八分熟的你，剛剛好

青春無關年齡，成熟是種心理狀態

許多人以為，一個人變老了之後，就可稱為**成熟**。所以他們披著二十歲、三十歲、四十歲的成熟外衣，他們的核心卻是苟且偷生、趨炎附勢、唯利是從；他們總是抱怨不能按自己的意願過日子，不明白一切是因為自己不理解成熟的精隨。

何謂成熟？余秋雨在《山居筆記》中寫道：「成熟是一種不再需要對別人察言觀色的從容，一種終於停止向四周申訴求告的大氣，一種不理會喧鬧的微笑，一種洗刷了偏激的淡泊。」總歸二字，自然。自然地付出，不求回報；自然地努力，就會有進步；客觀地看待世態人情，不訴炎涼；自然地追求，就會有成長。真正的成熟可謂理智、純真的統一。

書中就一個人應該怎樣追求心智成熟、追求怎樣的成熟，進行了深刻地分析和闡述；期盼讀者擺脫時時刻刻受外界影響、日日夜夜被他人牽著鼻子走的生活。簡言之，就是妥善處理自我與外界的關係，達到自然平衡的生活狀態，一切都好。

呂佳綺

CONTENTS

青春私房話 1

心若失去方向

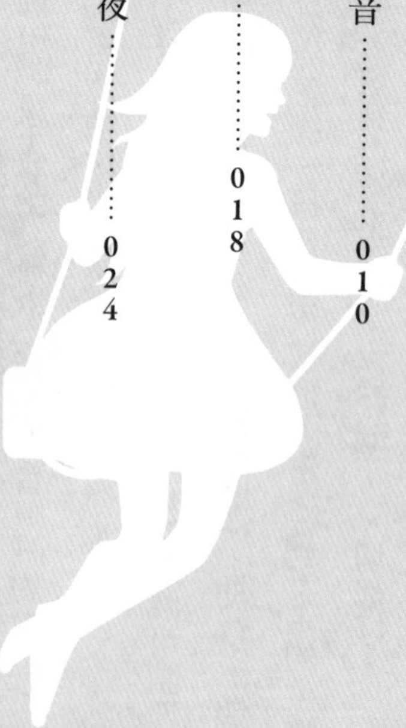

青春私房話 2

朋友如鏡

青春私房話 3

愛情，若是長久時

CONTENTS

青春私房話 4

夢想，是人生不落的太陽

青春私房話 5

自由，是無我也無他

CONTENTS

青春私房話 1

心若失去方向

Direction

明白哪些事是自己應該堅持的；

對於事物總是有自己的一套想法，

而從來不會被繁華和誘惑俘虜。

這麼保持自己的獨特信念，青春不迷茫。

放大內心深處的聲音

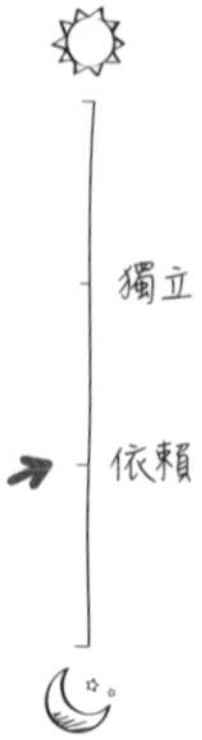

我也曾因為人們的良心建議而無所適從。

那是初戀時候的事，男友某天沒頭沒腦地說：「你留長髮比較好看。」於是一直認為自己適合短髮的我，那陣子時常攬鏡自照，猶豫是否應該照著做。

又或者是初入職場的那段時期。同年齡的朋友時常在相聚時問道：「你為什麼還要執著這份可怕的工作？」是啊，如果錢少事多離家遠，我何必繼續堅持呢？我開始質疑自己的行為在別人的眼中是否真那麼愚蠢，於是一整個月都沉浸在沮喪的情緒中。就這樣，腦子裡想的都是別人的規勸與批評。

「人們會怎麼看我？」

「大家會這麼說一定有他們的道理。」

「也許我應該照著他們說的話去做。」

你呢？是不是也曾經為了得到別人的認同，為了迎合家人、朋友以及社交圈，而不惜委曲求全？就算這些良心建議真的不適合你。

太過在意人們的聲音，他們的聲音就會淹沒你內心的真實想法；一味地跟著別人的感覺走，只會害你失去自我；失去自我意識，將導致你的情感矛盾與知覺混淆。

人云亦云者幼稚

「你是世界上獨一無二的個體。」人們這麼說。

「真是廢話啊。」年少時的我卻是這麼想。

因為有過迷失自我的經驗，所以我特別討厭這句陳腔濫調，認為這不過是一句說了等同於沒說的鼓勵。年少的我不屑地琢磨，既然每個人皆是獨一無二，那麼整體來

青春詩歌

地球住著四十億人，但我的想像依然故我，
它和巨數格格不入，個人獨特仍是其動力。

Four billion people on this earth, but my imagination is the way it's always been: bad with large numbers. It is still moved by particularity.

——維斯拉瓦．辛波絲卡（Wislawa Szymborska）《巨大的數目》

說，每個人其實並沒有差別，不是嗎？

然而年紀稍長之後，累積了較多的人生經驗，我重新咀嚼這句話，才發現不是這句話講得淺，而是我想得淺了，沒有讀出它真正的意涵。每個人皆是獨一無二的個體，旨在提醒人們無須隨波逐流。你應該尊重自己內心深處的聲音，因為它代表你的真實需求，是你在生命之旅中，為自己做抉擇時的堅實基礎。

這是各種價值觀充斥耳邊、各種思想並存的時代。生活於此的我們，難免會動搖，一時半會兒分不清自己的思想觀念，而感到茫然無措。這並非年輕惹的禍，亦非年齡可以解決的問題。因為說到底，一個人能否清醒地面對塵世，取決於他是否有主見；是否有主見，則取決於一個人是否善聽內心深處的聲音。

周五下班後，與老朋友約在大學校區附近的酒館。

見到Judy朝我招招手，我穿過歡騰的人群，朝窩在角落的他們走近。你們點餐了嗎？我才正要開口這麼問，Judy卻一個手勢要我打住，然後意猶未盡地說：「你聽。」

酒館裡正在放送西洋經典老歌《往日時光》，歌手瑪麗霍普金（Mary Hopkin）的歌聲繚繞。

我的朋友 我們長了年紀卻沒長智慧
因為我們心中的夢想至今仍然沒變

「真是應景啊。」我忍不住笑了。

這是一首改編自俄羅斯民謠的西洋老歌。有人說，唯有走過年少輕狂的人，才能體會其歌詞的滋味，那種曾經以為意氣風發的日子不會結束，可以載歌載舞直到永遠的青春心態。

究竟何謂**成熟**？因為比起過去，我們確實年華已逝，所以現在的我們就足以稱之為成熟了嗎？

如果說智慧是一個人成熟的必備條件，長了年歲卻不長智慧的人，不算成熟。反過來說，年輕的你不一定無法擁有成熟的靈魂，你可以先做一個有智慧的人。擁有智慧的關鍵不過就是，面對浮華世事，不人云亦云。

當然，這並非一蹴可幾，它需要的也不僅止於歲月的磨礱砥礪而已，一個人必須從磨礱砥礪中學習，並且時時反思，他的靈魂才能漸趨於成熟。一旦生命提供了困難的環境，刺激你去傾聽內心深處的聲音，你卻選擇無所作為，你終將一輩子隨波逐流。

你與我為什麼不相同，我與他又為什麼不同？憑藉的就是這種思想的獨立。對於各種事情有自己的一套見解，促使一個人變得與眾不同，這種獨一無二的觀念就是一個人在人生各方面能夠脫穎而出的起點。

哪天你胸有成竹地說：「是我自己想這麼做的，不是因為別人要我這麼做的。」我想，你已有自己的主見、自己的追求，你懂得傾聽並尊重內心深處的聲音，你終於來到青春成熟時。

從前從前 有家酒館
我們曾在那兒喝上幾杯
猶記得我們談笑度日
夢想著我們將要幹的大事

掩卷沉思的必要

深夜的月光灑落於純淨無瑕的窗櫺，你靜靜地坐著，無聲無響。

正是這樣孤立的時候，我們更接近自己的靈魂。任何一個擁有自我的人，都能側耳傾聽內心的聲音，從而認識到自己不為人知的另一面，或許是待人接物的不足之處，或許是出乎意料的天賦特質。

富蘭克林（Benjamin Franklin）童年的日子艱辛，讀了一年的書之後，就不得不出去賺錢養家，但這並沒有磨滅他的意志，反而激勵他刻苦勤奮，最終成為美國人心中傑出的政治家和外交家。

我聽說，夜闌人靜之時，富蘭克林會挪一丁點的時間問自己：「今天，我做了哪些有意義的事？」藉由這一個問句來檢討自己許許多多的缺點。然後，他設計了一個表格（Strength / Weakness Balance Sheet），坦承地在表格的一邊寫下自己所有的缺點，另一邊則羅列勤奮、謙虛等美好特質。

如果你有一個缺點，認識它，使之成為一個能夠為你所用的優點；如果你有一個優點，不要濫用它，以致變成缺點。富蘭克林就是這般日日反省自己的功過得失，漸漸地成為一個更好的人。（本篇文末有一表格，不妨自己動手做做看。）

我們之中的部分人，在生命的長途遠征上，會盲目跟風。這些人之所以將自己的命運交付於他人，是因為他們不知道未來的路在哪裡，甚至連自己需要的究竟是什麼也不清楚，就這麼渾渾噩噩地度過每一天，一直在從事自己不擅長的事，最後又為自己無所成就而感到焦急。這就是缺乏自我認知的弊病。

生命若是一本書，**獨處**就像閱讀過後，掩卷沉思的必要。

誠然，與人們閒話家常能幫助我們排遣內心的寂寞，但唯有與自己的心靈對話，才會有真正的感悟。和朋友共同遊山玩水，只是旅遊，唯有獨自面對蒼茫的群山大海，那時才能真正地與大自然溝通。

哲學家盧梭（Jean-Jacques Rousseau）說：「獨處時，我從來不曾感到厭煩，閒聊才是我一輩子都無法忍受的事。」

你一個人待著時，是感到百無聊賴，還是感到寧靜與充實？這種對於獨處的愛好跟你的性格無關。愛好獨處的人同樣可能是個性格活潑的人，只是無論他怎麼樂於與人交往，獨處始終是他生活中的必需品。

獨處時，我們必須面對自己，於是乎全面與真實的自我漸漸成形。

我的優點

1.

2.

3.

我的缺點

1.

2.

3.

思考猶如一座橋

腦袋就是為了思考而存在，不願思考是傻子才會做的事，因為這種人只憑直覺在過生活。

除了吃喝拉撒睡之外的事，無一能夠離開思考。像是待人接物、談天閒聊，甚或是在超商買杯咖啡，腦子多少都得轉動一會兒，想想第二杯七折的咖啡究竟值不值得。因為只有透過思考而得到的結果，才能被認為是理性的，為人所接受。

叛逆的少年們拼命地戳破國王的新衣，說些大人們不敢說的事，厭惡大人的矯揉造作。然而，少年也成為大人之後，才發現太直率不見得是好事，因為國王可能聽不進太坦白的話，徒惹滿門抄斬的下場。

這中間的差異，即是思考。哪些話該講、哪些話不該講，都要把握分寸；

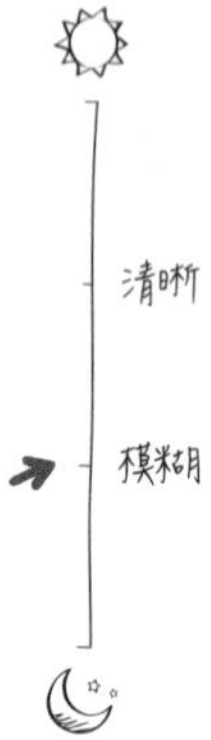

做事前也應多加思考，因為魯莽的人易犯錯。決定採取行動之前，我們最少要思考五秒鐘。

一、二、三、四、五。

數完之後，想一想先前想採取的行動是否合適，以避免不必要的錯誤。

思考猶如一座橋，能將我們從此岸送達彼岸。能讓我們將生活中所吸收的資訊內化、具體化，由表到裡產生完整且一致性的理解，最後形成貫徹人生的信念、屬於自己的思想。

人生思路模糊，現實出路從何談起

年輕時找不到人生的出路，並不是一件可怕的事。

我家對門的大嬸嗓門很大，街頭巷尾時常聽見她批評自家那個剛從大學畢業的孩子：「像那個誰家的孩子明明

青春詩歌

他的思想，像百靈鳥，
在清晨自由自在地衝向蒼穹。

He whose thoughts, like skylarks,
Toward the morning sky take flight.

——波特萊爾（Charles Pierre Baudelaire）《惡之華》

就跟你同年，但已經做到主管了。」

每回聽到她的聲音穿透我家的氣密窗，我總不免感到心煩氣躁。因為要求一個年輕人此刻就擁有怎樣輝煌的成就、怎樣令人羨慕的地位，是極不現實的一件事。

況且拜科技所賜，社會進步的速度可說是飛快，各種價值觀發生碰撞，就連四五十歲的人都可能會有迷茫感，更何況是二三十歲的年輕人呢？年輕時期的首要任務，是弄清楚自己適合做些什麼事，而非坐一山望一山，終日沉浸於欣羨悔恨之中。

電影《機械公敵》裡，引用了科幻作家艾西莫夫（Isaac Asimov）創造的「機器人三定律」概念。但這只是其中一角，無數的影像與紙本創作前仆後繼，都頻繁地使用艾西莫夫虛構、自創的名詞，以至於《牛津英語辭典》都一一將之收錄。艾西莫夫在小說創作與科普創作領域的成功，令人差點都忘了他曾是一位生化學家。

艾西莫夫的成功，就是得益於對自己的**再**認識。當時，他還是波士頓大學醫學院的副教授。一日上午，他坐在打字機前，突然意識到：「我或許無法成為首屈一指的科學家，卻能夠成為第一流的科普作家。」

於是，艾西莫夫決心投入書寫創作，終於成為當代最著名的科幻與科普作家。

許多人之所以一事無成，是因為他們在年輕時期有太多的選擇，又不肯靜下心來思考，導致人生的思路模糊，今天想這樣做，明天之後又覺得那樣做也行。

一個人只有對自己的人生有明確的規劃，才有可能成就偉大的事業。那些總是在完全不交叉的科系、職業之間跳來跳去的人，是浪費生命，他們的思想都是非常幼稚和混亂的。確實，探索心之所向是非常重要的一件事情，但是一味地探索卻不多加思考，探索就會變得永無止盡。

現在就想一想，對你來說，你的人生頂點將會落在哪裡，如果落在那裡，你又是否滿意？如果答案是否定的，你就必須對自己的職業再考量，或者尋找自己比較熟悉與自己喜愛的交叉領域，將它預設為你新的人生頂點。

清楚自己可以做什麼，清楚自己的人生可以達到怎樣的高度，才是一個人成熟的表現。如果達爾文沒有進入生物界，那麼進化論或許就要晚上幾十年；如果愛因斯坦致力於做一個小職員，那麼物理學就要落後幾百年。清晰的人生思路，比現實的出路更重要。清楚自己適合做什麼、將要怎樣實現自己的人生價值，你才能趨於成熟。

盲，茫，忙

他是一位房地產買家，專門收購「翻修後售出，卻失敗」的房地產。

詭異的是，人家翻修得美輪美奐的房子賣不出去，他簡單翻修後的房子卻能夠輕而易舉地轉手。有人問他，這究竟是怎麼回事，他是不是有什麼竅門？

這傢伙的答案很玄。他說，大部分失敗的案例，是**心靈忙碌**的後果。

「你看，」他指著自己正在研究的案子說，「這幢房子的問題其實並不嚴重，只需要一點粉飾就好，但是前一任屋主卻翻修得太美。為了盡善盡美而散盡錢財，又為符合成本而開價太高，所以瞎忙了一陣，還是沒搞頭。」

忙碌不是一種美德嗎？

乍看之下是如此，但其實不是。一個人之所以總是忙忙碌碌，代表他不肯花片刻的時間沉思反省，即使他表面上做事井井有條，其實他的思緒紊亂，看不到顯而易見的答案。因此我們可以發現，如果一個人經過思考，不再表現出自己有多麼忙碌的時候，他就更容易鎮定下來，分清事情的輕重緩急，妥善地完成表定的事項。

演員湯姆．漢克斯（Thomas Jeffrey Hanks）在一次電視採訪中，一度表示：「忙碌可能會礙事，當一個人的腦子裝得太滿時，就沒有空間可以裝進新的想法和創意了。」

在人生的旅途上，你不僅需要信心、激情和韌性，還需要清醒的頭腦。在你行進的過程中，不要一直憑著慣性向前走，偶爾要停下腳步，總結現階段的得失。如此才能避免在未來受到更大的傷害。

盲目而不肯思考，就像一輛不停靠月臺的火車，完全失去行駛的意義。

逝者如斯，不舍晝夜

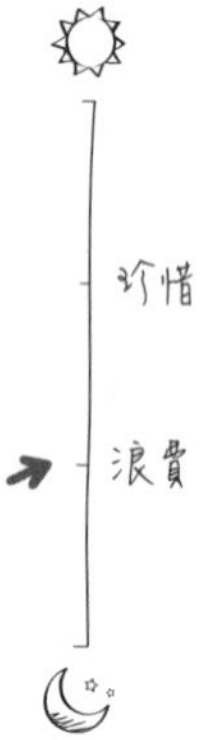

不知道在哪兒看過這樣一個故事。

一位老農把餵牛的草料鏟到小茅屋的屋簷上，看到的人都感到奇怪，於是問道：「老先生，你怎麼不把草料放在地上讓牛吃？」

老農回答：「這種草料的品質不好，我要是把它放在地上，牛就會不屑一顧。但是我把草料放到牛勉強能夠得著的屋簷上，牠就會努力去吃，將草料吃個精光。」

人們就像故事裡的那些牛，總覺得以汗水與血淚換來的事物才是最好的，常常因為一時的衝動，或者潛藏於ＤＮＡ裡的好勝心，而嚮往一樣再普通不過的東西。等到仔細觀察，發現它並不是那麼誘人之後，卻已經掉進流沙之中，越陷越深而無法自拔。

兜兜轉轉只因為捨不得

大學的同窗Emma在日系雜誌社工作，今年已經不知道是第幾個年頭。

這天相約在台北火車站附近的餐廳吃飯，她頂著一張素顏現身。幸好是我在大學時看慣了，要是其他人看見她平日精緻的妝容後面掛著這樣的熊貓眼，恐怕會倒退三步吧。長吁短嘆加上憔悴的神色，Emma看上去真像罹患憂鬱症，令人於心不忍。

她時常說：「真想辭掉工作。」

我並不反對，甚至是贊成她離職，但我也知道Emma只是隨口說說。

猶記得當年剛畢業，Emma投履歷的方式就像個缺女朋友缺得慌的男人，亂槍打鳥。第一個被她打下來的，就是

青春詩歌

我們是空心人／我們是稻草人
我們依偎在一起／腦中塞滿了稻草，哎！

We are the hollow men, we are the stuffed men, leaning together,
Headpiece filled with straw. Alas!

——艾略特（Thomas Stearns Eliot）《空心人》

現在任職的這家雜誌社。第一輪面試的當天，現場外，還有另外兩個應徵者在等候。發現一個編輯職缺，總共三個應徵者，讓本來意興闌珊的Emma瞬間鬥志激昂，使出渾身解數，順利爭取到第二輪的面試機會，並且在第二輪面試裡拔得頭籌。

可是Emma同時陷入了兩難境地，原因就在於她的**亂槍打鳥**。她的性格壓根與那家雜誌社的文化格格不入，所以她總是處於戰戰兢兢的狀態，光是坐在辦公桌前，對她而言就是一種煎熬。好不容易慢慢摸出生存之道之後，她又覺得自己不再是自己，成天像個小丑。更別提這份工作實在是太雞肋，待遇尚可，但沒什麼發展遠景。

退出吧。內心的聲音這麼對她吶喊。但Emma轉頭又覺得，這份工作是好不容易爭取來的，輕易放棄，多麼不值啊！不過若是繼續，那她人生的價值又在哪裡。

正是這種**捨不得**，Emma的這份工作做到了現在，她也變成我眼前的這副模樣。

血氣方剛的時候，我們連在夢裡都會期待機遇降臨，於是輕易地就中了「飢餓銷售法」的道。我們爭先恐後地搶，唯恐機遇一眨眼就消逝不見。豈料，它只是偽裝成機遇的一根雞肋。

許多故事與案例都在告訴我們要抓住機遇，卻沒有提醒我們，在抓住機遇的同時，還要躲避山寨假貨。所以不要盲目地去爭取。面對外界花樣百出的誘惑，我們要學會分辨哪些才是真正適合自己的人生機遇，而不會浪費寶貴的時間。要保持警覺，提醒自己在多數的情況下，表面上風光無限的東西，可能都是炒作出來的，其原料也許只是一堆垃圾。

抓住屬於自己的機遇其實很簡單，當你的努力達到一定程度時，自然就有適合的機遇降臨在你身上，但是在這之前，你必須具備足夠的能力。當然，展示自己的能力，讓關鍵人物看到你的才華也是積極創造機遇的方式之一，不過千萬不要忘記，你最重要的任務，是做好自己應該做的事。

尋找人生的轉捩點，並不是一件簡單的事，它需要足夠的勇氣和經驗，需要高明的眼光和果決的判斷力，需要堅毅地拒絕一些不適合自己的誘惑。當你選擇了這些東西，同時就得拒絕那些看起來同樣美好的東西，你也許會因此而惋惜，卻不必後悔。

對什麼都不吝嗇，唯獨時間

台北的捷運站裡有個有趣的景象。

人們會靠右排列站在手扶梯上，留下左邊的空位，供趕著上學、上班的人快速通過。有一年秋天，我為一個澳洲朋友導遊，多數時我們都是依靠捷運移動。天南地北的閒扯時，她問我：「搭乘手扶梯靠右站跟不能飲食，一樣都是捷運的規定嗎？」

其實並沒有明文規定一個人搭乘手扶梯時必須靠右站，否則會接受實質的懲罰，沒這麼做頂多就是遭人白眼，這種良心的譴責而已。不過這倒是讓我想到蘇格拉底（Socrates）說的那段話：「當許多人在一條路上徘徊不前時，他們不得不讓開一條道，讓那些珍惜時間的人趕到他們的前面去。」

蘇聯的教育家蘇霍姆林斯基（Vasyl Olexandrovych Sukhomlynsky）的生活作息規律，他每天五點半起床做早操，喝杯牛奶、吃塊麵包，然後開始工作。

等到他習慣了六點開始工作以後，他又會努力再提早十五至二十分鐘，幾十年如一日，從不間斷。所以他的著作都是在早上五點至八點寫成的，而且著述豐碩。

一日，愛迪生（Thomas Alva Edison）在實驗室裡工作。

「量量燈泡的容量。」他將一個沒上燈口的空玻璃燈泡遞給助手說道，然後低頭繼續工作。

過了很久，愛迪生才隨口問了一句：「燈泡的容量是多少？」

沒聽見助手回答，愛迪生抬頭一看，見到助手正拿著軟尺在測量燈泡的周長、斜度，並伏在桌上仔細計算。「怎麼費那麼多的時間呢？」愛迪生朝空燈泡裡面斟滿了水，交給助手後說，「將裡面的水倒在量杯裡，馬上告訴我它的容量。」

助手立刻讀出刻度。愛迪生說：「這不是很容易嗎？既準確，又節省時間。你算了半天究竟是為了什麼呢？」

助手一聽，臉紅得跟煮熟的蝦子似的。

愛迪生喃喃地說：「人生太短暫了，太短暫了，要節省時間，多做事情啊。」

大凡能取得成就的人，對什麼都不吝嗇，唯獨時間。

因為時間就是時間，它不像電影《鐘點戰》裡所演的那樣，能夠靠勞力換取，或是翻本囤積。它不會由於你做了什麼而增長，或是縮短，它並不在意你。時間就是那麼多，一日二十四小時，一小時六十分鐘。過了就過了。

年輕的時候，你是有大把的時間，但那不過是向未來借貸來的。額度乍看之下很多，但揮霍它無疑是自掘墳墓。

逝者如斯夫，不舍晝夜。

最傻的事情，莫過於超支時間，留給自己一個老大徒傷悲的未來。

在驕傲中毀滅

驕傲
謙虛

聰明是新時代的性感。（Smart is the new sexy.）

近年來，這句話漸漸席捲全球，從天才宅男充斥的影集《生活大爆炸》廣受好評，到班尼迪克（Benedict Cumberbatch）因為出演《新世紀福爾摩斯》而榮登雜誌評選第一性感的男人，就可見一斑。影視作品裡可說是處處有天才型的角色。

但我們也要承認，世界上並沒有那麼多的天才，多數的人不是生下來就具有某種天賦，而是必須勤奮努力地發揮自己最大的能量。

這並沒有什麼不好。

許多人不願相信自己是個平凡的人，他們有一丁點的才華就驕傲自大了起來，認為自己之所以遲遲無所作為，是因為伯樂不見蹤影。結果，自命不凡的

他們跌入自己所塑造的海市蜃樓——懷才不遇。

越是這麼想，他們越是不願意努力，即使自己真的擁有成為和氏璧的潛能，最終也會落得蒙塵頑石的下場。

聰明人的蠢事更蠢

忘了從哪一本書裡看到這麼一段話：「愚人的蠢事不稀奇，聰明人的蠢事才令人笑破肚皮，因為他自恃才高學廣，而看不見自己的狂妄，以全部的本領證明自己的愚蠢。」

我開始學鋼琴是國小二年級的事，起初報名的是團體班，一群小朋友一塊兒上課。

或許是真有那麼一點天賦吧，我上手的速度比起其他小朋友還來得快，甚至不時做起成為演奏家的美夢，但是

青春詩歌

我不知道何謂絕對的真理。
但我對自己的無知是謙虛的，因此我有了榮譽和報酬。

I am ignorant of absolute truth.
But I am humble before my ignorance
and therein lies my honor and my reward.

——紀伯倫（Khalil Gibran）《沙與沫》

這樣的情況並沒有持續多久。隨著琴譜的難度逐漸提高，我很快地就成為全班彈得最差勁的學生。而這中間沒什麼難言之隱，就是我自以為是，回家偷懶沒有練習。

某次的課堂上，老師突如其來地點名我彈奏。待我七零八落地演奏完整首曲子之後，老師只冷冷地說了一句：「不想付出努力，再有天賦都沒用。」對一個七八歲的小孩來說，這話說得真有點重。

但字字句句穿心刺骨，我終身難忘。

有個考上第一學府的學弟。

剛成為大一新鮮人的時候，志氣不小的他選修了琳瑯滿目的課程，再加上自信滿滿的態度與敏捷的思緒，令不少同儕覺得有威脅感。

你真厲害。同學們紛紛讚嘆道。

他藏不住得意地說：「還好啦，我希望自己三年之內就唸完大學。」

但現實就是這麼殘酷，他能給自己畫出這麼一塊大餅，能不能烤得出來，卻是另一回事了。就像絕大多數的大學生，面對多采多姿的半自主校園生活，學弟不免也是三天打魚、兩天曬網。

結果升大學三年級的那年，他突然休學了。

同學們起初有點吃驚，然而知道箇中原因後，似乎也覺得沒那麼出人意料。原來，這個天才學第一旦發現自己可能無法如期於三年內拿到學位，就決定乾脆放棄。

一個人有抱負是好事，然而只想一鳴驚人的想法卻不可取。

生活中那些自命清高，不屑扎扎實實地做事的人，永遠都無法打好自己的基礎。等到他看見起步比自己晚的、天資比自己差的，都已經有了可觀的收穫時，才驚覺自己還是一無所有。這時他才明白，不是上天沒有給他機會實現志願，而是他一心渴望能夠一口氣豐收，卻忘了辛勤地栽種。

《荀子．勸學》有云：「不積小流，無以成江海。」

任何事情，都是由點點滴滴的經驗與努力匯聚而成。真是聰明人，就懂得放下聰明人的身分，回歸於平常心之中，踏踏實實地走。

擁有魔豆的心態，你的潛力就無窮無盡

一則微軟公司的應聘故事在網路上廣為流傳，說有個非相關科系的傢伙，心血來潮跑去微軟面試。面試官照例問了他幾個軟體方面的問題，想當然耳，因為這傢伙一無所知，所以就被刷掉了。

但第二天，他又跑來應徵，針對昨天的幾個問題給了答案。於是面試官進一步考他更深的問題，這傢伙又無法回答了。不過，第三天他再次出現，針對第二天的問題給了答案。如此反覆幾次，面試官不禁覺得奇怪，問他既然知道答案，為什麼不在現場就回答問題？

這傢伙說：「因為當下我確實不知道答案，都是回家臨時學的。」

公司最後決定錄取這個應聘者，理由是，在迅速變化的IT業裡，需要高度的學習能力，而這個人的潛力無限。

姑且不論，讓同一個人連續面試三次是否符合現實，故事的主角所展現出來的潛能確實令人佩服。就像小天后蔡依林所言，我們無法說自己是個天才，但是可以期許自己

成為一個**地才**，因後天的努力付出而在舞臺上發光發熱。你要相信，只要夠用心，人的潛力是無窮無盡。

突然想到《傑克的魔豆》這個故事。

傑克牽著家裡僅有的一頭牛上市集交易，換了幾顆豆子回家，而不是能夠裹腹抵擋數餐的食物。一切只因賣他豆子的老人說，將這幾顆豆子播下後，會長出參天豆樹。果真，這神奇的豆子才埋入土中一夜，變迅速生長，讓傑克有機會攀爬到雲端的巨人國度，取獲大量的金幣。

普通的健康豆子，只要有適合自己的土壤，就能夠長得枝繁葉茂，但是你卻不僅止於一顆平凡的豆子。你要擁有一顆魔豆的心態，相信未來的自己擁有無限的可能。或許眼下的付出看似不值得，但只要你絲毫不馬虎、用心地做事，那麼你很快就能被生命中的伯樂發掘，從而實現你的價值。

打不倒的勇者

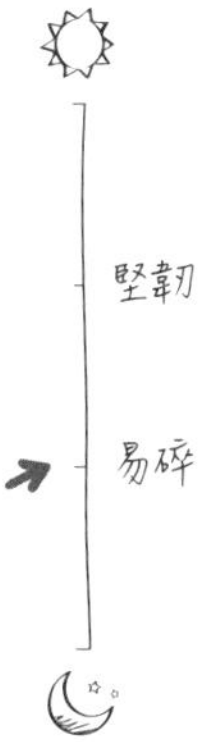

英國詩人愛默生（Ralph Wald Emerson）說：「信賴自己，才是成功的首要秘訣。」

信賴自己和自信稍有差別。前者是把自己當成朋友，榮辱皆能承擔；後者則是指行事時相信自己有必勝的能力。換言之，一個有自信的人若是在某件事上失敗了，他的自信心可能會因此動搖，甚至崩潰，然而，對一個在人生旅途上始終信賴自己的人來說，即使稍遇挫折，他也不會一蹶不振。

因為所謂的信賴自己，就是不指望他人和命運。

不指望他人，不期待偶然的好運，無論如何，孜孜不倦地以自己的步伐走自己的路，即是邁向成功的第一步。

打造防彈玻璃心

過去看了不少日本的少年冒險漫畫。

最讓我印象深刻的劇情，莫過於《獵人》裡的一段格鬥淘汰賽。格鬥賽的規則如下：「殺了對手的人即為輸家，但一場賽事必須持續到有一方**投降認輸**為止。」

面對武術高手，壓根不會武術的主角小傑，可以說是毫無招架之力。但他被打倒一次，就站起來一次。縱使途中被打得滿地找牙、被眾人認定壓根沒有勝算、被對手質疑他為什麼要垂死掙扎，小傑卻鐵了心地說，他知道自己打不贏對方，但他亦沒有認輸的打算。

又不能殺了小傑、小傑又不肯認輸，所以局勢僵持不下。最終對手只能無可奈何地投降，結束這場格鬥賽。

我發現，其實這些少年漫畫就是成長勵志書，主角在冒險的過程中，必須克服無數的打擊，並從打擊中不斷地

青春詩歌

感謝上帝賜我，不可征服的靈魂。
就算被地獄緊緊攫住，我不會畏縮，也不驚叫。
經受一浪又一浪的打擊，滿頭鮮血我不屈服。

I thank whatever gods may be, for my unconquerable soul.
In the fell clutch of circumstance, I have not winced nor cried aloud.
Under the bludgeonings of chance, my head is bloody, but unbowed.

——威廉．亨利（William Ernest Henley）《不可征服》

站起來，逐漸蛻變為一個更強大的人。人生的旅程不過如此，只要不輕易認輸，我們絕對有勝算。

不要期望你的人生一帆風順。

不要說你不需要大鳴大放，所以請老天別賜予你風風雨雨。

因為人生必有打擊，一定有，沒有討價還價的餘地。

我們總覺得世界上的某些人生活安逸，事事順心，平平淡淡地到老，但很多時候，是我們只見天鵝表面上的優雅，不見水面下那雙拼命拍水的足蹼。更多時候，是這些天鵝心智強大，以致他們對打擊渾然不覺，才說出自己的人生一帆風順這樣的話。所以你必須要有此認知，是多是少不知道，但**人生必有打擊**。

當你接受了這樣的事實，你才算是真正地活在世界上，而不至於因為不切實際的奢望，對現世產生嫌惡之感，日日神遊太虛。

有個心智強大的朋友，之所以說她心智強大，是因為什麼惡言惡語都傷不了她。

她工作上受了氣，轉頭卻又是笑盈盈的一張臉。同事揶揄她幾句話，她即刻就能幽默地回敬一句。她妙語解頤，瞬間就能化解家人之間的不愉快。她從不說重話，行事總是一派輕鬆，誰見了她都開心。

最近一次撞見她，是在樓梯間。那時她卻淚流滿面。

我嚇了一大跳，趕緊問她究竟發生什麼事。她擦掉眼淚，笑笑地說：「沒什麼啦，有時候心裡過不去，我就會跑來哭一哭。」

哭？我怎麼都不知道她原來也是個玻璃心呢。

「只要是人就有顆玻璃心，不過是易碎的點不同罷了。」她說，「但就是因為受傷之後懂得哭，所以我才能繼續微笑。」

這就是宇宙最強的玻璃心。

受到打擊之後，故作堅強而逼迫自己不准哭，是我所知道的最蠢之事。不僅因為這是強人所難，更是因為一個打從心底不肯示弱的人，永遠無法真正地成為一個堅強的人；一個不懂得恐懼為何物的人，不能被稱為勇者。成熟的人知道，打擊必然存在，受到打擊必然會感到難過，但是擦乾眼淚之後，就該爬起來。動不動就因為受傷而哭泣的人，是玻璃心；知道哭泣只是短暫的情緒渲洩的人，是防彈玻璃心。

一個防彈玻璃人，至少了解以下的哭泣三重奏：

一、宣洩情緒的必要

懂得合理發洩的人才不會受內傷，它可說是一種自我保護。玻璃為什麼易碎？因為它總是自己承受力量。皮球為什麼堅韌？因為它會將受力傳導至地面。

二、總結經驗

人不會無緣無故受挫，只有在違背了自然規律或社會規律的時候，才會遭受打擊。宣洩完不良情緒之後，要冷靜思考自己究竟犯下怎樣的致命錯誤。（檢討自我非常重要，唯有從打擊中獲得經驗的人，才能夠不斷進步，減少日後遭遇挫折的機率。）

三、鼓舞自己

一個人跌倒後能否再站起，取決於他自己的願望。所以關鍵不在於有多少人鼓勵你，而是你必須先打從內心深處為自己加油打氣。如此你才可能振作起來。

無論遭受多少打擊，一個人都必須再站起來，才能實現自己的價值。然而，有的人雖站了起來，卻因為害怕再次遭受打擊而止步不前。反之，真正的勇者同樣害怕痛苦，但是他們能夠自我激勵，他們相信自己是絕對不會被打倒，就算在這裡跌倒了，他們也會在別的地方站起來，走向卓越。

哀莫大於心死

從前有個男人靠拉貨為生，拉貨用的那頭驢跟了他數年，早老了。

一日，在運貨過程中，驢子不小心掉進一座枯井裡。男人想盡辦法救驢子，但都無濟於事，最後不得不放棄。他琢磨著，或許應該用泥土埋了這頭驢，免除牠的苦痛。

於是，男人用鐵鏟挖起泥土，扔進了枯井裡。

這頭驢大概意識到厄運降臨，便不再發出淒慘的叫聲。出人意料的是，驢子竟將那些落在牠身上的泥土抖下，然後踩在上頭。就這樣，男人挖土扔在牠的身上，牠把土抖落，越踩越高，越踩越高。很快地驢子已經靠近井口了。

男人驚訝地注視驢子，驢子則默默地離開了他。

如果故事裡的這頭驢子聽天由命，恐怕早被活埋了吧。

寶劍鋒從磨礪出，梅花香自苦寒來。我們在生活中遇到的打擊，不過就是壓在身上的泥土，只要鍥而不捨地將之抖落，然後站上去，泥土便成為通往生命出口的墊腳石。

司馬遷在〈報任少卿書〉裡說：「左丘失明，厥有《國語》；孫子臏腳，兵法修列；不韋遷蜀，世傳《呂覽》；韓非囚秦，〈說難〉、〈孤憤〉；《詩》三百篇，大抵聖賢發憤之所為作也。」真正的勇者，是那些能夠化苦難為力量的人，或許他們的肉體會受到損傷，但至少他們展現了強大的生命力，而這就勝過千千萬萬放棄掙扎的人。

哀莫大於心死。相較於軀體的死亡，靈魂的死亡更為可悲。

人生的滋味酸甜苦辣，一時交融、一時層次分明。嚐到了苦就放棄整道料理，實在是件可惜的事；繼續嚐下去，你會發現它的後勁甜得醉人。

你的命在何方

愛爾蘭作家喬治．摩爾（George Moore）曾說：「人生最困難的事，就是選擇。」

人的一生要面臨各式各樣的選擇，小至穿什麼衣服出門、早餐吃些什麼，大至求學時要選擇學校，畢業後要選擇職業，選擇一起成家的對象。選擇的本身並不困難，困難之處在於，伴隨選擇而來的責任，以及世間沒有一套既定、可遵從的抉擇標準。

結果，因為任何選擇或多或少都帶有冒險成分，會造成人生各式各樣可能的發展，有人就認定，冥冥之中有一種叫「命運」的東西在支配人生。不過，如果因為選擇是件難事，就氣餒到跑去算命，花個幾百元就想知道自己的未來，你的人生豈不是太便宜？

命運是一連串的抉擇

認為自己受到命運支配，是一種導因為果的想法。

其實是人以自由意志做出種種抉擇，朝不同的人生方向走去，形塑成命運這樣的東西，一個屬於自已的命運。所以，人們常說的「命運掌握在自己手裡」，意思便是，我們擁有做出抉擇的自主意識。

學生時期曾為一位教授打工，因此我與那位女孩子有一面之緣。那日，她走進研究室，說自己是來應徵助理。她是教授的其中一位學生，小我一屆。非常的乖巧可愛，談吐得體。

「她是來找我的。」教授從相連的另一間房探出頭對我說，然後對她笑了笑，「進來吧。」

面試結束後，那兩人一塊兒在陽台抽菸，有一搭沒一

青春詩歌

沒有機會、天數或命運，
可以避開、妨礙或控制，
一個堅定靈魂的決心。

There is no chance, no destiny, no fate,
Can circumvent or hinder or control
The firm resolve of a determined soul.

——艾拉．惠勒．威爾克斯（Ella Wheeler Wilcox）《意志》

搭地聊天。但教授臨時得去院長辦公室一趟，所以讓女孩在研究室裡等等。研究室就剩我們倆和一臺發出嗚嗚聲的老式電風扇。

枯坐在那兒的女孩陷入長考，約莫十分鐘後說道：「我先走一步了，再麻煩你幫我轉告老師，謝謝她的照顧。」

我愣愣地點點頭，目送女孩離開。

教授沒多久便回來了，她環顧四周，問道：「那孩子呢？」

於是我把事情的始末說了一遍。教授嘆了口氣，半晌沒說話，「這樣啊，我知道了。」她自言自語地說，然後沒等我問究竟發生什麼事，就走進自己的辦公室裡了。

一個月後，我們偶然提到這位女孩。

「老師，上回來面試的那個學生呢？後來怎麼了？」我好奇地問道。

「她休學了。」看到我的神情混合著驚訝與茫然，教授繼續說，「她的家境不太好，我這兒又剛好有一個職缺，本來如果她的能力沒問題，這份工作就是她的了。很可惜，我沒辦法錄用她，不過我還是想幫點什麼忙。但接下來，我就聽到她休學的消息了。現在在給人做雜工。」

「只能說每個人的**命**不同。」我感嘆地說。

「不對，不應該推給命運，一切是她自己的**抉擇**。」同樣是苦過來的教授說，「她差兩年就畢業了，如果再多撐一下，她接下來的人生道路可能就不一樣。對她來說，繼續讀書或許是個很辛苦的選擇，但並非完全做不到。」

可能是勾起自個兒求學時的回憶，教授陷入沉默。好一會兒才回過神說：「不過，人生很難說，也許她未來的抉擇可以將她領上更好的路。」

聽說，張藝謀在成為大導演之前的歷經可謂坎坷。

經過文革的洗禮，一九七八年，北京電影學院再度展開招生。按照張藝謀的家庭背景，他大概在政治審查那關就會被刷掉。但張藝謀沒有放棄，他寫了一封懇切真誠的信給素昧平生的前文化部部長，並且隨信附上自己的作品，期望這幾年來的攝影作品能夠為自己開路。

於是張藝謀被破格錄取。

儘管在校表現優秀，畢業後他卻被分配到一個各方面條件都很差的小片廠，人不僅少、設備跟技術都很薄弱。但反過來說，這裡出身科班的人少、名導演與名攝影師也少，因此沒什麼論資排輩的現象。所以張藝謀主動挑起大樑，日復一日在克難的環境中努力，最終嶄露頭角。

這也是種種抉擇的結果。

我常在想，人們生來的條件本各有異，卻不影響我們為謀求幸福而做抉擇的能力。我們的起點不同，但可以透過抉擇而通往同一個方向；我們天生行進的速度慢，但我們能透過抉擇而改善自己的劣勢。

一切都是命、誰讓我不是含著金湯匙出生、我就是沒有人家聰明……等等怪罪於天的說法，在我看來是懶散至極之事。究竟真是因為先天的限制導致你別無所擇，還是你不願承受其他選擇將帶來的艱辛與苦痛？**人永遠都有選擇**。這句話雖然俗濫，但講得卻是事實。當你放棄一個長遠來說對你最有利的抉擇時，請不要推託自己別無選擇，而是承認自己沒有選擇它的堅定靈魂。再怎麼說，既然你因此放棄了人生，有什麼立場埋怨人生放棄了你？

有求於人，不代表無法掌握人生

你不喜歡它，但你將會想念它。大學畢業的那一年，這句話在畢業生之間廣為流傳。這句話裡的它，指的是當學生的這段時期，指的是大小考試充斥的校園生活。

人類常有這麼一個念頭，一個對人身自由的渴望。所以年輕時的我們希望早日脫離父母師長的控制，享受金錢的自主。踏進社會之後，又認為拿人手短、吃人嘴軟，唯有創業，當老闆才能夠掌握自己的命運。結果又發現，創業時有求於人的地方更多，得尋求各方的助力、得遵照客戶的意見，還不如當學生時的無憂無慮。

所以，世間有誰能夠實現真正的自由，完全憑自己的喜好做事？

一個真正自由的人，便是知道自己大抵上該朝什麼方向走去的人，他充滿自信，他意志堅定，他了解世界上沒有誰不需要幫助，所以他敢於問路。這樣的人知道，有求於人，並不表示自己的命運就操於他人之手，因為他對自己的人生有規劃，他知道命運掌握在自己手裡。

這句話包含兩層意思。

一層，靠的是個人的努力和意志；另一層，靠的是別人的幫助。不要因為有求於人而覺得羞恥，以為靠自己就能成功才是幼稚的想法。有求於人並不是什麼丟人的事，當它能為你帶來進步，你就會慢慢變得成熟。

當你感到茫然，覺得為五斗米折腰的自己真是悲慘、覺得缺乏時間做自己喜歡的事、覺得沒有資本按照自己的喜好做事時，並非因為你有求於人，而是你沒有辦法**把握**自己的生活，你不清楚自己目前所做的事是**為了什麼**。

把命運掌握在自己手裡，不僅是說說而已，還必須有一套具體的實施方案。也就是，自己制訂計畫，並按照計畫行事。（本章文末有一表格，不妨自己動手做做看。）比如，按計劃進修，按計劃請客交友、謀劃升職……等等。如此走完人生中的每一個階段，回顧時，你就會感歎，原來人真的可以掌握自己的命運。

青春痘測驗

從旅行看你對人生的態度

成田離婚，是日本二十世紀的九〇年代後期出現的詞彙，是一種新婚夫妻在蜜月旅行結束之後，閃電離婚的現象。（成田，指的就是成田機場。）成田離婚的現象，最可能的原因之一，是新婚夫妻在旅行的過程中，因為長時間相處、共同應對各種狀況而暴露了雙方的真實面貌與生活態度。因此反過來說，我們不妨從你對旅行的期待，來看看你對人生的追求。

以下哪一種類型的旅遊目的地是你的首選？

Ⓐ山川秀麗之處
Ⓑ可享酒池肉林之處
Ⓒ四季如春之處
Ⓓ腦袋可以放空之處

選Ⓐ的人

你時常沉湎於過往的人生經歷，三不五時就會想：「我究竟為什麼會變成如今這付德行？」並非因為你的人生不斷地遇到挫折，你只是單純地對現狀感到不滿。你對於未來，常會抱著「大概就此終了一生了」的悲觀想法，因此，急切地希望自己能從目前的生活中逃脫，你通常會將出國進修或毅然決然地換工作當成尋求解脫的方法。

選Ⓑ的人

雖然你的學識淵博，但因為並非破釜沉舟的行動派，所以在人們的眼中，你平時都沒有什麼特殊作為。可是，在關鍵時候，你會出乎意料地有大膽的舉動，令眾人大吃一驚。這是因為，你的內心深處，其實還是有「必須不斷超越現狀」的欲望。你認為「人生只有一次，應該要多姿多彩地過。」不過，這樣的生活方式，很可能會造成事業與家庭的不幸，這點要特別注意。

選Ⓒ的人

一直以來，你都對自己的未來非常樂觀。這並不是說你非常看好自己，而是你認為一切的事情都是「船到橋頭自然直」。因此，年輕時候的你在待人處事方面比較不積極，總覺得只要完成別人託付的事情即可，不需要付出額外的努力，所以與人交流時處處碰壁。學到教訓之後，修正自己的作為，就會成為一個各方面都相當圓熟的人。

選Ⓓ的人

你的個性是不是有些迷糊呢？乍看之下是個活潑開朗的人，但是當人們進一步深入認識你，就會發現掩藏在陽光性格後面的是「笨拙」，所以你時常造成旁人的困擾。你的人生觀就是：「維持現狀即可。」換句話說，因為你非常容易知足，平時沒有太多欲望跟野心，所以也比較難取得功成名就，做事失敗的機率自然也不大。

新旅程・新方向

即刻寫下你現階段的人生規劃

朋友如鏡

Friendship

想要在生命中站穩腳跟，就必須學會做人和做事。

待人謙恭有禮、做事通達之人受人歡迎；

行事光明磊落、做人豁達陽光之人招人喜愛。

不放在心上的氣度

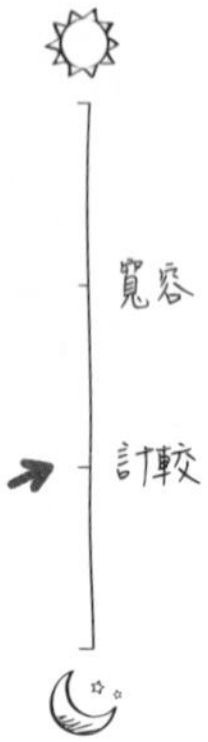

小喬之美沉魚落雁，令發願掃平四海的曹操坦承，若得江東二喬，置之銅雀臺，以樂晚年，雖死無恨矣。如此的絕色美人，在電影《赤壁》中是由身材高挑的模特兒志玲姊姊擔綱演出，而與她對手的，卻是身高不比她的影帝梁朝偉。那日，我打開電視，正好看到媒體提出她與梁朝偉身高不般配的質疑，只見志玲姐姐一句妙答：「氣度遠勝於高度。」

確實，氣度難得。但究竟何謂氣度？

君子之交淡如水

我最怕一種朋友。他們貼心、處處為你著想、無時無刻把你放在心上。他們滿腦子想得都是你，以至於失去了自己；因為他們付出了這麼多，所以也期望你以同樣的心情報答他們、理解他們內心深處的真實想法。於是，當你做不到之時，排山倒海而來的，就是他們憤怒的指控：你沒把他們放在心上。

但事實是，他們從沒有問過你對這段關係的意願。

事實是，你或許是他心中最好的朋友，他對你而言卻不見得是。

國中的時候，我收過兩三封這類的信。

其中一封來自班級座號22號的同學，內容大意是，她對我感到很失望，這段時間裡我居然跟其他人走的比較近，忽略了她的存在。然後，信末還矯情的留有淚漬。

接下來的幾封信雖然來自於不同的人，但主題大抵都是相同的，我看完信之後的反應也相差無幾：摸不著頭緒，接著反省那段時間裡自己的一舉一動，最後心中燃起

青春詩歌

一個人，不能永遠在胸中養著一條毒蛇，
不能夜夜起身，在靈魂的花園裡栽種荊棘。

One cannot always keep an adder in one's breast to feed on one,
Nor rise up every night to sow thorns in the garden of one's soul.

——王爾德（Oscar Wilde）《自深深處》

一股無名火。

摸不著頭緒，是因為我與人相處時並沒有差別待遇；反省，是擔心自己的行為舉止是否真令人誤解；生氣，是因為我應享有交友的自由。

我真怕這種人，真怕。因為他們總是展現出受害者的模樣，硬是在眾人面前把你抬高成加害者；因為他們在自個兒的腦中演小劇場，擅自替你羅織罪名；因為你不忍再傷害他們的心，所以事情變得很棘手。

所幸國高中之後，我就鮮少再遇到這樣的狀況。我想是因為大家漸漸對自己有更多的認識，有自己的主張而不會過於依附其他人，所以心智越來越堅強。

君子之交淡如水。

有時候不放在心上，不是絲毫不在意，而是**放得下**。知道即便朋友彼此的關係很好，但無須日日夜夜黏在一起；「已讀不回」不必放大解讀；沒有「誰跟誰比較好」這種斤斤計較的想法。知道人生還有更重要的事等著我們去追求，於是利益放得下，情分看很淡。

以愛對恨，恨消逝於無形

我常常讀到一個「了不起」的故事。

王黎和陳昆兩人是鄰居。一日夜裡，王黎偷偷地將隔開兩家的籬笆往陳昆家移，好讓自家的院子寬一點。天不從人願，恰好被陳昆看到了。然而，陳昆非但沒有追上去大罵一頓，反是想了想，將籬笆又往自家這裡移了一丈，使王黎的院子更寬敞。

王黎發現後，很是愧疚，不但歸還了侵佔的土地，還將籬笆往自己家這邊移了一丈。

為什麼會說了不起呢？因為有時候，我們光是想到要對人們說幾句「我不介意」、「沒關係」、「別放心上」，就覺得無法忍受。更何況是他人觸犯到你的利益之時，這些話更是難以啟齒。

太難了。

所以人們為公車上的磕磕碰碰爭得面紅耳赤；為生意場上的蠅頭小利爭得你死我活；為了學術上的不同觀點而棄斯文於不顧。然而，世界五彩繽紛，我們每個人雖是獨立的個體，卻又必須在同一片天空下生活，若因為一些雞毛蒜皮的小事，日日充滿怨氣，那豈不是令人難受嗎？

釋迦牟尼說：「以恨對恨，恨永遠存在；以愛對恨，恨自然消失。」要和諧共處，免不了就必須學會寬容。寬容，便如那尊彌勒佛，展開胸襟、綻開笑臉、接納天下事。於是心靈便比大地更厚重，比天空更廣闊。榮辱不放心上，愛恨不放心上，他人的缺失不放心上，保持一顆**平常心**。所謂氣度，不過而已。

相處之道，誠心二字

人們都珍惜自己的聲譽，同時，人們都會有犯錯的時候，也難免有些缺點。在公眾場合多讚揚朋友的優點，不僅是對朋友的真誠，也是珍惜朋友的聲譽；於私底下，甚或是沒有旁人的時機勸告和批評朋友，則是對朋友的一種愛護、關心和鼓勵。

讚揚與勸告都是對別人的一種尊重。

與朋友的交往中講究一點技巧，絕對與虛偽無關。是否真誠地替別人設想，才是最重要的。

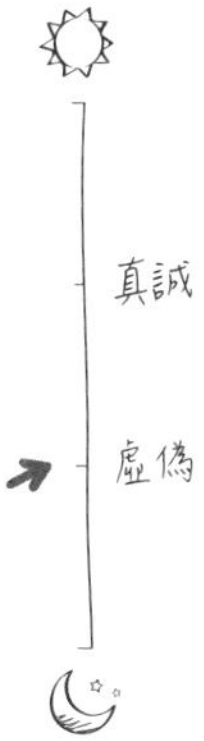

讚美是最動聽的語言

沒有人會拒絕一句發自內心的讚美，也沒有人會對真心讚美自己的人反感。

讚美可以迅速拉近人與人之間的距離，可以使陌生人變朋友；可以讓一個人充滿自信，從而發揮自己最大的潛能。所以，只要學會看到別人的長處，學會發自真心地讚美他人，你就能夠在人際交往中如魚得水。

這是一個朋友告訴我的真實事件。

她的主管張經理，利用閒暇之餘，將自己多年的商場經驗撰寫成稿，放在案上。一日，公司的會計小林走了進去。他見到桌上的書稿後，讚歎道：「經理，您還會寫作啊！我覺得當經理真是浪費了您的才能，您應該去當商業管理類的作家，我相信您的書一定會暢銷。」

沒想到張經理一聽，很不高興地說：「你是說，我這經理當得不好，應該轉行嗎？」

馬屁拍到了馬腿上，小林嚇得冷汗直流。見小林支支

青春詩歌

我的朋友，你的語聲飄盪在我的心裡，
像那海水的低吟聲繚繞在靜聽著的松林間。

Your voice, my friend, wanders in my heart,
Like the muffled sound of the sea among these listening pines.

——泰戈爾（Rabindranath Tagore）《飛鳥集》

吾吾地半天說不出話來，經理便不耐煩地擺擺手，讓他離開。

沒過多久，業務阿輝也走了進去。他見到經理桌上的書稿，說道：「沒想到經理您在管理公司之餘，還進階到創作理論專書，真令人佩服。」

經理聽了，笑成一朵花。

美國《幸福》雜誌曾經做過一項調查，在五百名年薪超過五十萬美元的政商人士當中，有百分之三十三點七的人認為，保持人際關係和諧的最主要因素，就是學會讚美他人。所以，無論對象是誰（長輩、主管、同儕或是下屬），請你都不要吝於讚美他們。

「適度的讚美，真誠的關懷」可以令人們感受到你的大度與善良，並且取得他們的支持和信任。然而，同樣是讚美，經由不同的方式表達出來，產生的效果也不太一樣。小林的讚美忽略了經理原本的職業，聽上去反而像在諷刺經理不務正業，難怪經理會生氣；而阿輝則既讚美經理原本的職務，又讚美經理的一專多能，經理自然樂開懷。

因此，讚美不僅要出自內心，同時也要注意讚美的技巧和方法。讚美不等同於奉承，讚美更不是諂媚，讚美是出自內心的欣賞和欽佩，只有發自內心的讚美，才能引起人們心靈上的共鳴。

慧心聽，誠心講

有這樣一個小故事。

一天，公主病了。她告訴國王，如果能夠擁有月亮，她的病就會好。於是國王立刻下令，舉國上下的謀士需在百日之內想辦法摘取到月亮。

大臣們得知此事後，一一向國王進言道：「月亮有半個王國那麼大，還被黏在天邊，是無法被取下來的。」

然而，宮廷裡的小丑聽說此事之後心想，第一要務應該是得知公主心目中的月亮究竟生得什麼模樣。所以小丑便跑去仔細地詢問公主。公主回答道：「月亮大概只比我的拇指指甲小一點，比窗外的樹梢還矮，純金製成。」

小丑明白公主的心意後，隨即找了工匠，為公主打造一條月形的金製項鍊。公主雀躍不已，隔天病就好了。

溝通力，是我們和其他人愉快交往的基礎。如果一個人擁有良好的溝通力，周遭人就可以清楚地得知他的意思、明白他需要什麼、他希望得到什麼、我們能夠為他付出什麼；反之，他亦能夠輕易了解人們的想法、滿足人們的需求，使雙方互利互益。

對溝通力不足的人而言，可就不是這麼一回事了。人們覺得與他說話相當費力，不僅他聽不懂人們所說的，他也無法說清自己的需求，因此總是陷入牛頭不對馬嘴的尷尬局面，甚或是滋生不必要的誤會。

愉快的溝通必須具備以下二個層面：

一、正確的表達方式

當你在表達一件事情時，如果語言邏輯是混亂、模糊的，那麼人們聽不懂你的意思也是很正常的事情。那就好比，兩個國家的人都聽不懂對方語言，而且他們之間還沒有雇用翻譯人員，怎麼能夠期望他們完全了解彼此的意思呢？

有一回，我陪朋友去大賣場買冷氣機。朋友看了半天後問銷售員，甲臺冷氣機與乙臺冷氣機有什麼差別。銷售員從頭到尾只說：「這臺冷氣機是銅管的，那臺是鋁管的。

這臺雖然貴，但它是變頻的。」

朋友一臉茫然地望著銷售員，因為她根本不明白這中間的區別，也不懂得變頻的好處何在。想當然耳，後來生意並沒有成交，而原因就在於銷售員的表達失誤。他沒意識到，業內人士當然能夠立刻理解這些術語背後所代表的意涵，但對一般的消費者而言，那壓根是異國語言。

二、正確理解他人的意圖

這一點並不容易，因為有時人們的意圖是藏在字裡行間。一定要清楚對方的話意味著什麼，多站在他人的角度去思考，才不會陷入溝通障礙中。這便是多數人在溝通的過程中最常犯的一個毛病，鮮少關注發言者的真實需求，然後完全按照自己意願辦事。所以總是落得吃力不討好的下場，甚至造成雙方不必要的誤解。

人與人溝通，說穿了就是弄清彼此的意圖。明白對方的需求為何，而你能夠為他提供些什麼、你能夠提供的和他所需的有多少差距，彼此該怎樣拿出一個折中的方案，從而達成共識，滿足雙方的要求。

可見，溝通力雖然僅是交際能力的一部分，卻是最重要的一部分。

想要和一個人愉快有效地溝通，就要說對方想聽的，聽對方想說的，即先通過讚美、認同、詢問等方式弄清楚對方想聽什麼，然後以對方感興趣的方式表達出來。

跳出井底的青蛙

我曾經當過一段時間的英語家教，小丹尼八歲，是我第一個學生。

我為小丹尼上完第一堂課之後，他的母親問他，我教得如何、想不想要繼續上我的英文課。小丹尼興高采烈地點點頭說：「想，因為我們臭味相投。」

臭味相投。小丹尼的母親轉述給我聽的時候，我忍不住噗哧一笑。

不過這就是人類啊。無論在人生的哪一個階段裡，我們都喜歡跟擁有相同志趣的人們聚在一起，只是青春時更甚。因為同一個領域的朋友可以為我們帶來安全感，因為我們不必花費太多精力去解釋自己的行為舉止，就可以被他們了解。然而，倘若因此就不願意跳出自己的社交圈子、結交新的朋友，那就是一件非常懶惰的事情了。

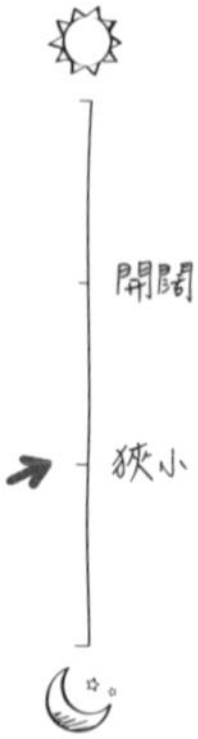

保持友誼的多樣性

我有一個朋友，交遊甚廣。

他想要實現開一間糕點店的夢想，但除了會做糕點之外，他既不精通網路行銷，也不懂攝影，更不會商品包裝。當然，他可以再付費學習，只是這得花不少錢，而且佔用很多時間。

沒想到，他僅請朋友們吃頓飯，大家就拍胸脯保證，會幫助他開店。一個月後，修習資訊工程的朋友幫他架好了網站，擅長攝影的朋友把糕點拍得令人垂涎欲滴，學設計的朋友亦伸出援手。於是乎，他順利地踏出實現夢想的第一步。待糕點店營利之後，他也好好地回饋這群鼎力相助朋友們。

為什麼人們需要各式各樣的朋友呢？因為人們在各方

青春詩歌

不要走在我前面，我可能不會跟隨
不要走在我後面，我可能不會引路
走在我身邊，做我的朋友

Don't walk in front of me, I may not follow,
Don't walk behind me, I may not lead.
Walk beside me and be my friend.

——猶太童謠

面有不同的需求。

有些事，志趣相投的朋友可以幫上忙，有些事，他們卻無能為力。

你需要知己，來滿足精神需求；你需要保持生活情趣，所以有酒肉朋友；困難時需要幫助，所以你有互利的朋友；因為工作的關係，你還必須與同業的人交流。儘管各種朋友之間的交情深淺不一，需要他們的場合、情況也有所不同，但一個人定要有這幾個類向的朋友，生活才能順心順意。

我的一位朋友問我，你知道為什麼我性如烈火，卻和你這隻溫順的小綿羊交往嗎？因為當我焦急不安的時候，只要打通電話給你，你的聲音就能撫慰我，使我冷靜下來。

你必須承認，每個人的才能心性各不相同，如果你只結交志趣相投的朋友，志向和情趣就會被束縛。你要結交志向比你更遠大的朋友，他們會讓你的心胸更廣闊；你要結交那些情趣比你更高尚的朋友，他們會讓你的心靈更純潔，使你的生活富有生機；你要交往擁有不同長才的朋友，他們會讓你的知識更廣博，眼光更長遠。

近朱者赤，近墨者黑

從某種程度上來講，結交程度不如自己的朋友，是虛榮心作祟的表現。他們希望自己能在群體之中獨佔鰲頭，只為了求取這種名實不符的讚揚。如此做法將導致何種結果呢？是的，不久後，他們就將變得與那些人的層次相當，從此再也不願結交比自己出色的朋友了。

所謂，近朱者赤，近墨者黑。人們往往會被周遭人感化，不管這樣做是提高自己的層次，或是降低，都擺脫不了這種影響。

在某個討論會上，一位發言人請大家拿出一頁紙，在紙上寫下和自己相處時間最多的六個人，也就是與自己關係最親密的六個朋友，並記下他們各別的年收入，最後算出他們的年收入平均，這個數字便能反映自己個人的年收入是多少。

如果你最親密的朋友是高級主管，你們相聚時所談論的多數內容一定是關於管理和經營；如果她是家庭主婦，你們相聚時的主要話題一定是關於家事。雖然你不一定從事這個行業，但朋友的思維和談論主題對你產生的影響是不言而喻的。你不妨在下一次和朋友聊天時，記下你們談論的主要話題，那時你就會明白它有什麼重要意義。

一日，二十八歲的貝爾（Alexander Bell）前去拜訪物理學家亨利（Joseph Henry）。在談天的過程中，貝爾提到自己的一項實驗：把包著絕緣材料的銅線纏成螺旋狀，有間隔地通電，就能聽到線圈上的「嚓嚓」聲。亨利一聽，便打起精神來了，他想要親眼看看貝爾做這個實驗。那天，街上雖然寒風刺骨，老亨利卻招來馬車，打算到貝爾的住所去。但是貝爾怕老人吃不消，便把儀器帶來了。

當他們聽到了電流通過銅線圈發出的聲音時，貝爾進一步表示，可以利用這一原理讓電線傳遞人的聲音，但由於自己缺乏足夠的電學知識，或許應該把這一設想公佈於眾，讓電學專家來負責研究。亨利卻鼓勵他：「如果你覺得自己缺乏電學知識，那就努力去掌握它。你有發明的天分，應該試著自己做做看。」

後來，貝爾在寫給父母的信中提到：「我簡直無法向你們形容，亨利的這兩句話是怎樣地鼓舞了我。」

幾年後，貝爾又說：「如果當初沒有遇上亨利，我也許無法發明電話。」

那些優秀的人物一向站在時代的前端，他們的眼光見識都是一流的，有時他們的一句忠告或是一點提示，就能讓你獲得巨大的動力。比方說，年輕的醫生參觀了大醫院之後，更加堅定在醫學界出人頭地的信念；學生聽完專業大師的演講後，心中可能會燃起萬丈豪情；一位默默無聞的運動員與他心目中的偶像的一次會面後，也許就是他一生的轉捩點。

成功者總是與成功者交友，失敗者也總是與失敗者為伍，不幸的人吸引不幸的人，而散漫者的圈子裡也都是散漫的人。你也許會覺得這麼想實在太庸俗，但請別誤會，把有能力的人作為自己的榜樣並不可恥。因為朋友如書，好的朋友不僅是良伴，也會是你的老師。

尊重他人，尊重自己

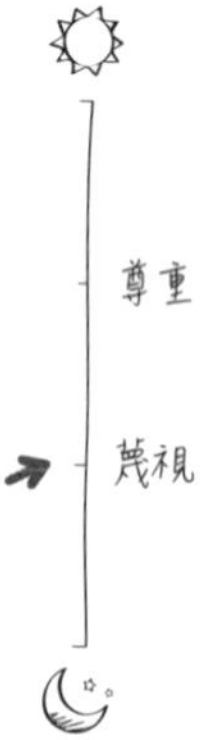

有一種人是處世的專家。他知道打招呼和恭維話是有必要的，但也清楚不該以為只靠打招呼和說恭維話就可以操縱任何人。一個善於生活的人，是不輕蔑人世間的俗事，亦懂些人情世故，同時，他絕不玩弄詭譎的手段。也就是說，他是聰明但不滑頭，他懂得進退但有分寸。畢竟一個世故圓滑的人從來就不受歡迎。

不過有趣的是，一個人即使處事時有所欠缺，但只要他極為真誠，這種人並不會不受歡迎的。

送花者手染餘香

這是一則真實的故事。

一名婦人領著兒子走進美國大企業「巨象集團」的總部花園。不遠處，有位老人正專心地在修剪花草。

冷不防地，一團衛生紙啪地一聲落在花叢上。老人詫異地轉過身，但婦人卻滿不在乎地望著他。老人默默地將紙團丟進垃圾桶裡。不料，又是一團衛生紙飛落至花叢上，當老人第二次將它扔進垃圾桶時，第三團、第四團衛生紙接二連三地飛來，一連有六七團。

小男孩驚聲叫道：「媽媽，您這是幹什麼？」

婦人指著將衛生紙扔進垃圾桶裡的老人說：「我這麼做只是想讓你知道，假如你不用功讀書的話，你長大以後就會和這個人一樣，做這種卑微的工作。」

老人走了過來，緩緩地對婦人說道：「夫人，只有巨象集團的員工才能進入這個花園。」

婦女晃了晃手中的證件回應：「我是巨象集團子公司

青春詩歌

難以想像，這浮萍一生／滿是謬誤，愚昧與紛爭
無所謂真實，一切皆為表象／我們只是夢影在遊蕩

I dare not guess; but in this life
Of error, ignorance, and strife,
Where nothing is, but all things seem, And we the shadows of the dream,

——雪萊（Percy Bysshe Shelley）《含羞草》

的部門經理。」

老人沉吟一會兒，問道：「您的手機能借我一用嗎？」

婦人不情願地將手機遞給了老人，並不忘趁機教訓兒子：「你看到沒有，窮人連手機都買不起。」

老人簡短地講完電話。不一會兒，巨象集團的人事部負責人便匆匆趕來，畢恭畢敬地對老人說道：「總裁，請問有什麼事？」

「我提議立刻免去這位女士的職務。」老人指著婦人說。

接著，他走到小男孩面前，意味深長地說道：「小朋友，我希望你明白，除了努力學習之外，你還必須學會**尊重**每一個人。等你真的理解何謂尊重時，你再帶著你媽媽來找我。」說完，老人轉過身，再次專心地修剪花草。

心理學家馬斯洛（Abraham Harold Maslow）將「尊重的需求」列為身為一個人的五種需求之一，而他所指的尊重，包括自尊、自重以及被他人尊重的需要。渴望得到他人的賞識和正面的評價，是人的天性。

但是許多人在日常生活中卻常常忘記尊重他人，當他取得了一點成績，就自認為高人一等，並對他人不屑一顧，甚或是貶低挖苦。這樣的人通常就是忘記一點：他人對自己尊重，並不是你在社會上取得怎樣的成就後就能夠擁有，尊重是必須另外爭取而來。而此處的爭取，就是指一個人如何對待他人。

法國思想家盧梭（Jean-Jacques Rousseau）曾說道：「在自然秩序中，所有人皆是平等的。無論財富、種族、性別，還是身體、智力、才能的不同，每個人皆因他身為人的特點，而受到應有的尊重。」

當然，社會是架巨大的機器，裡頭有千百種不同的職業，企業家、經理人、清潔人員、大樓警衛……等等，但這僅是職業身分的相異罷了。企業家並沒有比清潔人員高貴，他所從事的工作也沒有比維持廁所整潔更加重要。

送花者手染餘香，種刺者被荊棘圍繞。

尊重即是這麼一回事，你怎麼看待他人，反映出你如何看待自己。

做個清高的俗人

你的生命中一定有這種人。

他常以清高的姿態處世，總看不慣人情世故；他孤芳自賞，不屑與俗人為伍。他天生傲骨，凡事皆有自己的一套準則。一旦他人的行為舉止不符合他的標準，他就俾倪對方。結果就是，他往往看周遭的一切不順眼，大環境似乎也無法接納他，導致自己顯得非常不合群。

一日，禰衡前去拜訪好友孔融，卻看見在座的盡是一些誇誇其談的無能之輩。禰衡就悄悄對孔融說：「你怎麼能夠跟這些人交往呢？」

孔融聽了之後，含笑答道：「每個人的才能皆有大、有小。善於發掘他人的長處，一個人才可能擁有更多的朋友，以成就更多的大業。孟嘗君曾有門客三千，其中不乏雞鳴狗盜之徒，如果孟嘗君自詡清高，不屑與販粥屠狗之輩交往，恐怕他的性命也就不保了。」

《漢書．東方朔傳》這麼寫道：「水至清則無魚，人至察則無徒。」意思是，當水過於清，魚兒就無法生存；過於嚴格要求他人，這個人就不會有朋友。因此為人無須太苛刻，待人處事不可過於嚴厲，否則人們就會畏懼你，而不願意與你打交道。

有識之士從來都不會輕蔑俗人，不會因為他們的世俗就鄙視他們。畢竟世界上沒有人能真的免俗，沒有人不食人間煙火，市井小民的市儈亦來自他們無奈的一面。如果用聖人的標準去要求每一個人，那恐怕沒有幾個人能及格。你儘管堅持自己的原則，但以自己的原則要求他人，就是另一回事了。

即使不認同周遭人的行為，你也要懂得尊重人們的選擇、尊重人們的感受。因為**清高**是一種優雅，**高**就易招致人們的反感。真正的清高是為潔身自愛，並非為了做給人們看，更不是蔑視他人的理由。

低調點，人氣指數自然攀升

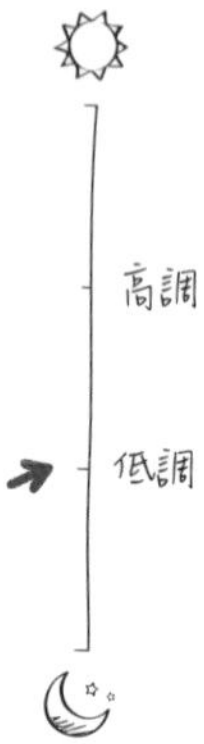

有位著名的畫家閒來無事，決定上畫廊晃晃。

他一路賞畫，畫廊的接待員都緊隨其後，為其介紹。這時，畫家在一幅畫前停了下來，開始細細地閱讀畫上題的詩句。但這些詩句是用草書寫成，畫家讀到一處，便皺著眉琢磨一個認不出的字。

此時，接待員說道：「您看不出來啊？這字是原。」

只見畫家臉色一沉，罵道：「有你多嘴的份兒嗎？」跟著一轉身，怒氣沖沖地走出了畫廊。

由於接待員急於表現自己，從而讓畫家感到沒面子，才導致於此。這便是愛出風頭而惹的禍。

在這個錯綜複雜的世界上，不同的人有不同的命運，有的人一生豁達無爭，他們謙虛好學，令人欽佩；有的人則是驕傲自滿，導致做事處處受阻，最終碌碌無為，抱憾終生。其實，這兩種人生境遇的差異，究其原因，是因為為人的調性不同。低調為人是一種生存的大智，是一種韌性的技巧，是一種美德。

聚集人氣的本事

一個人的競爭力高低，不僅是看他的能力，還要看他的人際關係好壞。

那種因為你爭我奪而得罪同事的事情，再怎麼說，都是莽夫的逞兇鬥狠，結果只有得不償失。一個理智之人知道何時應該爭取表現的機會，但同時他也知道要韜光養晦，何時應蓄勢待發。所以他總是能爭取到屬於自己的機會，又不會得罪他人。

青春詩歌

如果真如此，全世界將會鄙夷你，
因為你的驕傲，窒息美好的前途。

If so, the world will hold thee in disdain,
Sith in thy pride so fair a hope is slain.

——威廉．莎士比亞（William Shakespeare）《愛神與金童》

人類社會講究團體合作，一個人就算才華並不出眾，但對人群有一種深刻的影響力，讓人們都佩服你、尊敬你、喜歡跟你一起做事，這就是一種本事。甚至可以說，成大事的人，多數不是因為他有多少才華，而是有團結、協調大家的本領，而這種本領才是真正的競爭力。

但是該怎麼提升自己的人氣？你可以從以下幾方面做起：

一、提升自己的人格魅力

傳記電影《鐵娘子：堅固柔情》中有一段描述，是關於英國首位女首相柴契爾（Margaret Thatcher）在滿是荊棘的從政之路上，為提升自己在大眾面前的魅力而做的努力。柴契爾的團隊要求她在公眾場合拿掉美麗的珍珠項鍊，他們說道：「一定要把你的吸引力發揚光大，外表和聲音都必須有領導人的樣子。柴契爾夫人，要有威嚴！要有說服力！」

一個人的魅力常常是通過他的言行舉止表現出來的。富有魄力的舉止可以讓人們更願意跟隨你，富有穿透力的聲音可以俘獲眾人的耳朵。因此，你要有意識地掌握可以體現自己魅力的動作：舉手投足都要符合法度，說話親切而幽默、大方得體，給人以穩重、可靠的感覺。

二、杜絕小鼻子小眼睛的行為

成熟的人有一種品質，就是能夠容人所不能容，忍人所不能忍。他不會糾纏於瑣事。應該堅持原則的時候，他不會裝糊塗；不涉及原則問題時，他也不會斤斤計較。一個人如果眼裡容不得半點沙子，什麼雞毛蒜皮的小事都得爭個是非曲直的話，周遭人會想遠遠避開你，也是相當正常的事。

三、韜光養晦

當然，一個人不可無鋒芒，但如果不分場合、不分對象地炫耀，這鋒芒不僅可能刺傷別人，還可能刺傷自己，為眾人所鄙夷。

四、真誠地對待別人

不要以自我為中心，適時聽取別人的意見，不要在背後說別人的壞話，學會溝通，主動溝通，在原則上堅持自己，在小節上注意自己。用真心對待別人的人，總是會得到更多的擁戴，這比刻意拉攏人心有更好的效果，周圍的人對你也會有更高的忠誠度。

就算你的才能不足以勝任一個位子，不足以做好一件事情，可如果大家都願意幫助你、協助你，那無疑可以使你的工作進展順利得多。因此，很多才華橫溢的人都因為自視甚高，不善於和別人協作，而最終鬱鬱不得志；相反，那些才華並不那麼突出，但對人和藹的人，因為能夠聚人氣，才高八斗的人也不是他的對手。

勿當孔雀人

韓劇《人魚小姐》中有這麼一句經典台詞。

你的臉太大了，擋住我的陽光，我要和你分手。

這台詞雖然不太切實，卻有一定的道理。我們的周遭都有這種人，他無時無刻都想將人們的目光吸引至自己的身上，從而擋住了他人的光芒。這種人有個專屬的品種名稱，孔雀人。

孔雀人特別熱衷於表現自己，時時都要搶人的風頭，結果總是招得天怨人怒。他們還喜歡在異性面前表現自己的魅力，開屏彰顯風姿和才華，令人反感。我印象最深刻的一次，是有一回去逛書店，無意間聽見一位男孩在搭訕一位女孩。當時，女孩手中拿著一張愛黛兒（Adele Laurie Blue Adkins）的專輯。

男孩說道：「你也是愛黛兒的粉絲啊？」

見女孩點點頭，男孩露出了得意的神情說：「我有她的每張專輯，《19》、《20》《21》都有，但是我覺得她後面的這幾張，都沒有第一張好……」

女孩終於聽不下去，忍不住開口說道：「愛黛兒的第一張專輯是《19》，第二張是《21》，哪來的《20》？」

男孩羞的滿臉通紅，落荒而逃。

搭訕台詞一定要有，但賣弄自我真沒必要。否則就會像這個男孩一樣，因為不恰當的展現，淪為一個笑柄。即使他今天暢談的言論內容並無錯誤，我想，女孩應該也會因為他那自得意滿的態度，心生反感。

倘若你夠強，想藏都藏不住。

善於表現自己，樂於表現自己是好事，因為人一定都有獲得他人認同的欲望。然而一個有真才實學的人，無須刻意地表現自己，自然而然就會散發吸引人的特質。更高明的是，他善於幫助別人表現自己，他會讓出舞臺，讓聚光燈打在別人身上。

勿當孔雀人。

不要時時刻刻炫耀自己，而要時刻顧及他人的感受。人人都不希望因為別人的光芒而黯然失色，而是希望能和為自己增添光芒，體現自己魅力的人在一起。所以輪到別人表現的場合時，一定要暫時掩藏自己的光芒，並真誠地祝賀對方，別讓**表現自己**成了孤立自己的城牆。

讓平靜在寂寞中發酵

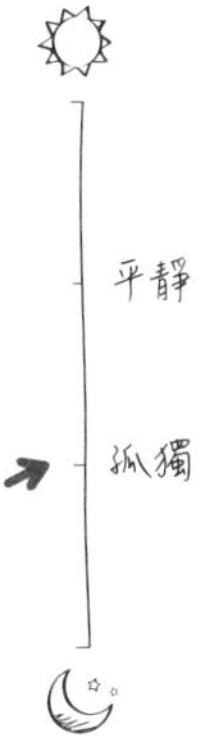

人生於世，每天都得為生計奔波，有時必須面對繁重的壓力，有時需要周旋於各種應酬場合中。立身於塵世中太久，我們似乎已經很少靜下心來，思考人生，思考自己。

你是否經常有落寞的感受？

你知道自己究竟想要什麼樣的生活嗎？

你的心是否被一些自私自利的狹隘思想籠罩了？

在冥想中釋放內心

Mike的事業有成，但他總覺得自己的心靈因為工作壓力而日漸痲木了，因此他在朋友的勸說下去看心理醫生。「這世界上你最喜歡哪個地方？」醫生問Mike。

「我不清楚。」Mike實話實說。

「小時候你最喜歡做什麼事？」醫生接著問。

「我最喜歡海邊。」Mike回答。

「你拿著這三張處方箋，到海邊去，然後在早上七點、中午十二點以及下午四點分別打開它們。」醫生一邊寫字，一邊警告道，「你明白嗎？你一定得遵照我剛剛的指示，除非時間到了，否則不得打開它們。」

Mike點點頭。隔天他開車到達海邊時，正好七點。於是他趕緊打開處方箋，只見上面寫道：

專心聆聽。

Mike走出車子，用心傾聽。是海浪聲，是各種海鳥的叫聲，是風吹沙的聲音……。自然和諧，令人陶醉其中。

青春詩歌

靜靜地坐著吧，我的心，不要揚起你的塵土。
讓世界自己尋路向你走來。

Sit still, my heart, do not raise your dust.
Let the world find its way to you.

——泰戈爾（Rabindranath Tagore）《飛鳥集》

快到中午的時候，雖然他不願意結束這樣的享受，但還是不情願地打開第二張處方箋，上面寫道：

回想。

於是他開始回憶，想起童年時與家人在海邊撿貝殼的情景，想起大學時與女朋友在沙灘上嬉鬧的時光……往事汩汩而來。接近下午四點，正沉醉在溫暖與喜悅的塵封記憶中，Mike打開了最後一張處方箋。

回顧你努力的原因何在。

這是最困難的部分，也是這整段心理療程的壓軸重點。Mike開始反省自己，發現自己從來沒有為更高尚、純正的目標而努力，他想的都是賺錢退休這檔事，他自私、從未超越自我、從未認同他人——他發現了自己感到疲倦與壓力的原因。

心理學家曾說：「人，是最會製造垃圾污染自己的動物。」所以，正如清潔員每天都要清理人們製造的有形垃圾一樣，我們也要反省自己，定時清洗心靈的煩憂；讓自己心如明鏡，以最好的狀態去投入生活。而釋放心靈毒素的方法之一，就是冥想。

冥想的目的是徹底釋放我們於平日累積的能量，是一種**忘懷**之道。完全地忘懷對自己的想像，完全地忘懷對世界的想像，重新獲得一個截然不同的心靈，然後以這個洗滌乾淨的心，審視自己的言行，審視世界。

空谷幽蘭獨自香

我們的生活中有這樣的人，他似乎就是為鬧世而生。

他極其害怕獨處，讓他和自己待一會兒，對他來說簡直就是酷刑。所以為避免寂寞，他寧願在觥籌交錯與紙醉金迷中消磨度日。然而，獨處其實是一種寶貴的經驗，尤其是在日益喧囂的社會中，它是一種靈魂的饋贈，是忙碌生活的調劑之道。

知道獨處效用的人，會想方設法為自己製造可以隨意放縱的私密空間，讓自己有機會面對真實的內心。你可以在週末時，遠離工作，支開家人，穿上舒適的居家服、播放輕柔的音樂，擺脫人為的光源，享受躍進室內的幽光，然後隨意地做點什麼。你可以手捧一盞茶，見氤氳繚繞；你可以翻閱一本自己喜愛的書，解讀關於生活與情感的文字；你可以把玩珍藏已久的收藏品。

你可以將自己的身心交給大自然，讓潺潺水流聲洗滌你、讓鳥兒的絕唱淨化你，盡情地吮吸花的芬芳。不要誰來做伴，只有自己，真真實實的你。此時，這個世界屬於你，你也擁有整個世界。

天邊的雲卷雲舒，心隨著無邊的思緒飛。

甚或者，你可以輕裝簡行，前去嚮往已久之地。也許你會如孩童般滾過青青草地，尋回兒時的天真與頑皮；也許你會盡情吶喊，享受釋放的快樂。在獨處的時光裡，你是你。在陌生的地方時，無人認識你。一個人的日子，美妙無比。

無論生活多麼繁重，請你找機會釋放自己的心靈，什麼都可以想，什麼都可以不想。獨處的靜美隨之而來，清明隨之而來，溫馨隨之而來。貧窮也富有，寂寞也愜意。

哪一類型的朋友可以幫助你走過傷痛

人生不如意十之八九，當你遇到生命無法承受之重時，除了家人與戀人之外，朋友亦是值得依靠的港灣，所以一個人的生命中不能沒有朋友。然而朋友又有千百種，有的朋友適合談論學術上的難題；有的朋友適合一起吃喝玩樂；有的朋友是你可以大半夜打電話給他，因為他是你心靈的支柱。對你而言，這個心靈支柱會是誰呢？

❶你正準備盛裝出席一場派對，請問派對的主題是？

萬聖節的化裝派對（前往第2題）

政商名流的交際派對（前往第3題）

❷你的房間角落有一個垃圾桶，它是什麼顏色？

橘色（前往第3題）

藍色（前往第4題）

❸你喜歡哪一類型的音樂？

搖滾樂（前往第5題）

流行樂（前往第6題）

❹新年將至，你準備怎麼度過？

你當然是跟朋友一起大吃大喝（前往第5題）

你預計待在家跟家人一起圍爐（前往第6題）

❺你意外發現自己跟同事撞衫時，你會怎麼做？

從此塵封這套衣服（前往第7題）

無所謂，別人穿什麼跟你沒有關係（前往第9題）

❻你擁有的服飾中，哪一類佔了最大的比例？

無袖背心和貼身衣物（前往第7題）

外套和褲子（前往第8題）

❼使用完馬克杯之後，你會什麼時候清洗？

下次必須使用時，才不甘不願地去洗（前往第8題）

使用完畢即立刻清洗，避免留下飲料的污漬（前往第9題）

❽你比較擅長哪一類型的遊戲？

多人參與的團康遊戲（前往第10題）

數獨、拼圖等可以獨自遊玩的遊戲（前往第9題）

❾以下何種態度，可以激勵你更加努力地工作？

不斷地讚美你的工作成績↓A

蔑視或是批判你的成績↓C

⑩朋友想送你一樣生日禮物，你認為這份禮物是什麼？

戒指↓B
現金↓D

測試結果：

選Ⓐ的人，你需要熱情的朋友

縱然你身邊不乏酒肉朋友，但你還是會感到寂寞。所以你需要的是活力四射的朋友，他想到什麼就立刻去做，他會陪你一起瘋狂、恣意揮灑青春。雖然這樣的朋友有點像個大小孩，既不能幫你分析問題，也無法為你解決麻煩，但在傷痛時，你需要的就是能夠和你一起哭、一起笑、陪你暫且逃離問題的人。因為問題該怎麼解決，你心裡早就有數。

選Ⓑ的人，你需要會依賴你的朋友

你不會輕易找人訴苦，也盡量不給人添麻煩；你的保護欲很強，會情不自禁地保護周遭親近的人們。所以當你受傷時，你需要的是那種單純且易信賴他人的朋友。他們平時不會裝出一副非常有義氣的模樣，也不會說好聽話，但他們在你真正需要陪伴的時候，會毫不猶豫地相信你的任何說法，站在你這一邊，用全部的時間和精力照顧你。

選Ⓒ的人，你需要睿智的朋友

你不喜歡動輒大驚小怪的人，也討厭能力差勁的人。整體來說，因為你標準還滿高的，所以朋友並不多。能夠幫助你撫平心靈傷痛的人，是那些已經認識長久的朋友，他們的性格、見解、喜好都和你相似。他們會理智地幫你分析問題，以清晰的邏輯解開你的心結。因為你的內心強大，所以比起噓寒問暖的朋友，你更需要這樣的夥伴。

選Ⓓ的人，你需要溫柔細心的朋友

你比較沒有安全感，需要別人保護，行動前必須不斷參考他人的意見。所以感到受傷時，你需要的是細心的朋友，他們不僅能夠照顧與遷就你，更能提出有用的見解，並且點出問題的關鍵所在。最重要的是，他們會讓你察覺自身的價值，提升你的自信。

青春私房話 3

愛情，若是長久時

Relationship

王爾德說，愛自己，是一場終身戀愛的開始。

只有善待自己的人，才能好好地去愛他人。

這樣的人，即使面對傷害，也能為自己點燃希望的火把；

這樣的人，即使失去心之所愛，也會鼓起勇氣，重新站起來。

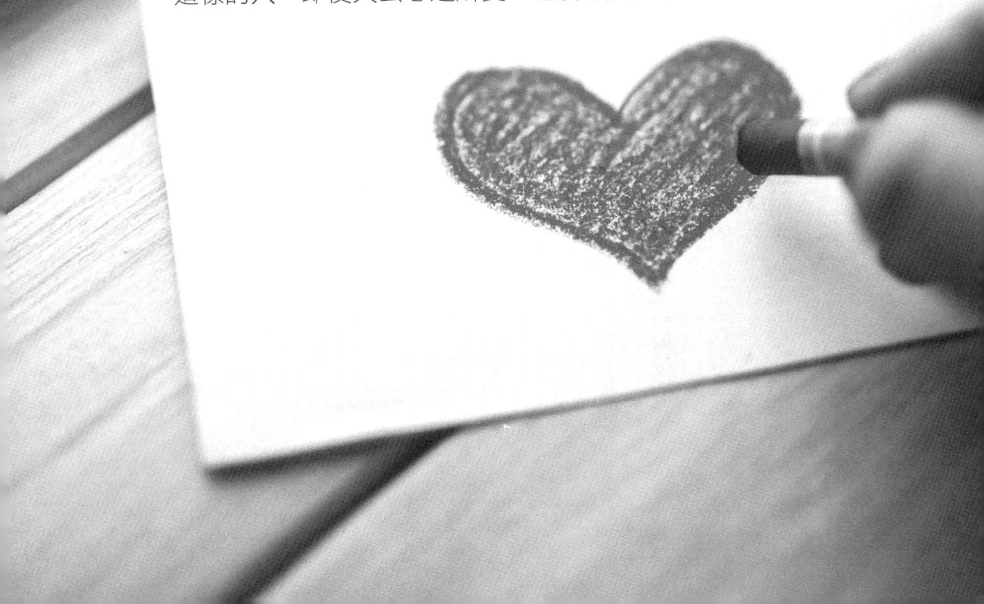

自愛，是與浪漫融為一體

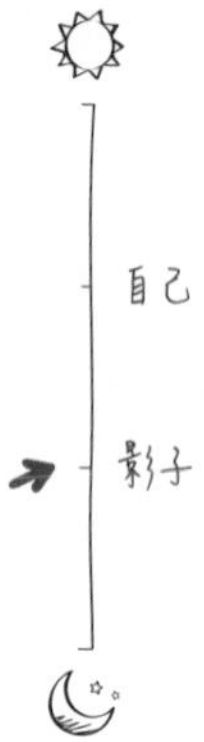

王爾德（Oscar Wilde）說：「熱愛自己，是終生浪漫的開端。」

我想誰都是喜愛浪漫的，浪漫的人生也是令人羨慕的。但世界上有人終其一生，卻都沒能體會到浪漫的滋味，甚至不知道浪漫為何物。這是因為他們不懂得熱愛自己。

人們常認為詩人、藝術家才會與浪漫這個詞扯上關係，但其實不是只有他們才懂得浪漫。倘若你認真去剖析，你就會發現，人們所謂的藝術家的浪漫，指的是他們看待這個世界的方式。他們熱愛自己、熱愛生命；他們以生命寧靜的一隅，去感受世界的美妙；他們歌頌生命，寄情於自然；同時，他們深切地領悟宇宙萬物的真諦。

熱愛自己是一種微妙的感情，真正熱愛自己的人，也熱愛生命。因為熱愛自己，是他們對生命的回響。換言之，當你學會熱愛自己，你便選擇了浪漫的開端。

成長本身就是一種疼痛

當你一點一點地離開了父母的羽翼，現實就漸漸地朝你蔓延過來。此時，你會逐漸發現自己並非從前自己想像的那樣完美，總是有這樣那樣的缺點。接納真實的自己，需要勇氣，也需要毅力；它是一個漫長而痛苦的過程，也是一個人成熟的過程。

在一場講座上，主講人沒講一句開場白，一進場就高舉著一張二十美元的鈔票，並看著現場兩百多人問：「誰想要這張二十美元？」

唰地一聲，現場的聽眾幾乎都舉起手。

青春詩歌

當我開始愛自己／我不再渴求不同的人生
我知道任何發生於身邊的事／皆是邀請我成長／如今我稱之為成熟

As I began to love myself, I stopped craving for a different life,
and I could see that everything that surrounded me was inviting me to grow.
Today I call it MATURITY.

——卓別林（Charles Spencer Chaplin）《當我開始愛自己》

「我會把這二十美元送給你們其中一位，但在這之前，」主講人突然將鈔票揉成一團，然後問，「現在誰還想要這張鈔票？」

多數人仍然高舉著手。

「那麼，假如我這樣做呢？」主講人把鈔票扔到地上，並且用腳踩碾它，然後他撿起已經變得又髒又皺的鈔票，問道，「現在誰還想要它呢？」

還是有人舉起手來。

主講人讚許地說：「朋友們，你們上了一堂很有意義的課。無論我怎麼對待這張鈔票，你們之所以還是想要它，是因為它依舊值二十美元，並沒有因為我的舉動而貶值。人生的路上，我們會無數次地被逆境擊倒，甚至跌得粉身碎骨，因此覺得自己一文不值。但無論發生什麼事，你們的價值永遠不會喪失，你們依然是無價之寶。」

你是獨特的，永遠不要忘記這一點。你的生命價值並不依賴你的所作所為，也不仰仗你結交了什麼樣的人物，而是取決於你的本身。要知道，你在這個世界上是唯一這樣的人，應該為這一點而慶幸，應該盡量利用大自然所賦予你的一切。你只能唱你自己的歌，你只能畫你自己的畫，你只能做一個由你的經驗、你的環境和你的家庭所塑成的你。不論好與壞，你都得自己創造一個屬於自己的花園；不論好與壞，你都得在生命的交響樂中，演奏你自己的樂器。

花開才是本質，你是不是一朵蓮花，或一朵玫瑰，或什麼無名的、普通的花，這沒有什麼關係，你是誰並不是關鍵，你是否像花一樣綻放、盛開、實現最美的自己，才是最重要的。

為愛失去自己

一個人失戀不可怕，可怕的是失去自己，沒有勇氣重新開始。一個為愛而自憐傷歎，每晚傷心抽泣的人，到頭只能得到他人的恥笑，而不是同情。

許多人會在戀愛中迷失了自己，找不到自我，甘心付出很多，結果卻是一敗塗地。如果說傑克死後，蘿絲也跟著沉到海底，那麼就沒有了那部感人至深、賺了觀眾無數淚水的《鐵達尼號》，愛情的意義不是讓一個人為另一個人犧牲，而是兩個人共同付出，彼此幸福。

電影《美國之旅》中，有這麼一段情節。

非洲王子直到婚禮之前，才在聖殿上認識了他漂亮的未婚妻。王子把新娘帶到後面的房間，問她：「你喜歡什麼東西呢？」

新娘恭順地回答：「凡是你喜歡的，我都喜歡。」

接著，王子讓她學狗叫，還要求她單腳跳著叫。就在新娘一一順從的時候，王子意識到，他絕對不能讓這場婚禮繼續下去。

美琪結婚已經三年多了，但總還像個孩子般地依賴先生。美琪幾乎沒什麼朋友，下班後就是回家與先生黏在一起，小到每天穿什麼衣服，大到工作上碰到的難題，美琪都要靠先生為自己拿主意。

有一次，先生出差，晚上只有美琪一個人在家。她翻來覆去地怎麼也睡不著，好不容易睡著了，她卻夢見他們夫妻倆外出用餐時，遇到了一夥劫匪。她被劫匪襲擊，奄奄一息地躺在地上，但先生卻頭也不回地走了。

美琪醒來時已是滿臉的淚水，美琪連忙撥電話給老公。睡得正香甜的老公接起電話，聽到美琪三更半夜做了惡夢而放聲大哭時，既感到心疼又萬般無奈。這叫他每次出差在外怎麼能放得下心呢？

因此，每次只要老公出差超過一個星期，對兩人來說都是一種精神上的折磨。美琪總是坐臥不安，整天悶悶不樂，一個勁地要老公快點回家；老公則覺得自己就像一棵身上緊緊地纏繞著菟絲花的樹，無法伸展也無法呼吸，隨時有著窒息的危險。

戀著你，就要賴著你。

對很多人來說，這是天經地義的事。然而在戀愛的過程裡，絕大多數的人之所以失去自己最有吸引力的光芒，正是因為他們無意中自動放棄了對生活的主宰權，不自覺地淪為對方的附屬品。人生真正的相依相伴，應該是彼此都保有自己的觀點，承擔共同許下的契約，所以你絕對不能失去自我。

如果戀愛時有什麼難以接受的事，你一定要表達出來，不要過度擔心這麼做的後果。假如戀人問你想看什麼電影，你不要總是讓他決定。你不妨說：「我已經耐著性子陪你看了兩部槍戰片了，所以，我今晚想看一部愛情片。」

所謂初戀，僅是愚笨加上好奇心

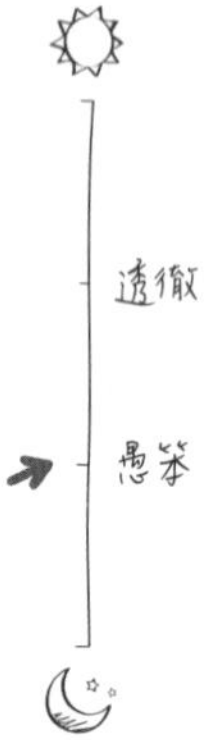

愚笨意味著判斷力的偏頗；而所謂的判斷力，是生存的必要智慧，或稱它是一種功利性的智慧也無妨。但是，當人們在初嚐戀愛滋味時，卻常常把未來的功利性之利害忘記了。同時，因為是第一次接觸，不太認識異性的真面目，總覺得對方是神祕的，所以說初戀，亦無異是在好奇心的驅使下的產物。

因此可以說初戀的人往往是愚蠢的，辨不清真善偽醜。而初戀時的彼此吸引，說穿了不過是兩顆好奇心的相互碰撞，當一方了解了另一方，或雙方互為了解後，初戀便宣告結束了。

學會遺忘過往的美好

嘉佑失戀了。

瞬間變成前女友的Anna是嘉佑的初戀，兩人從大學時期就開始交往，畢業後又一起留在台北打拼。但或許是單純與青澀漸漸退去，光是相愛，不足以共同攜手走下去。因為對未來的想法有太多的分歧，Anna選擇分手。

嘉佑絲毫不怨Anna，畢竟他們走過大段美好的歲月，有太多的酸甜回憶。

他忘不了Anna，走在台北的任何一個角落，似乎都能聽見他們曾經的歡聲笑語。幾年過去了，嘉佑的父母開始為他的婚事著急，於是嘉佑好不容易才答應父母再找一個女朋友，一切重新開始。所以很快地，嘉佑透過同事，認識了小真。

小真是個好女孩，無論個性或是想法，小真跟嘉佑可說是一拍即合。然而，相處一段時間之後，小真卻突然提出分手。

青春詩歌

彼此，一個字，一個微笑，已經足夠。
而我會覺得幸福，因為那不是真的。

One word then, one smile, is enough.
And I am happy, happy that it's not true.

——巴布羅．聶魯達（Pablo Neruda）《我喜歡你是寂靜的》

當初介紹他們認識的朋友不明就裡，問小真為什麼？

小真嘆了口氣說：「我願意和他一起為未來奮鬥，但是我不能容忍他每天念著前女友。每次我們去哪兒玩，他總是告訴我，他曾經和Anna來過這裡，當時他們玩得有多麼高興。」

聽到這裡，朋友恍然大悟，原來嘉佑始終沒有從過往的戀情走出來，於是朋友狠狠地說了嘉佑一頓。而看著毅然決然離去的小真，嘉佑也意識到他對過往的沉迷，終將摧毀自己的未來。

人生的路上，需要遺忘。

不僅遺忘那些使我們傷心的事情，也遺忘那些過往的美好。縱然記憶是美好的，使我們能夠回想起曾經的幸福點滴，但不可否認地，記憶也是殘酷的，它使我們沉迷於過往，不願意面對現在和未來。所以，多數的事情我們不能遺忘，但有些事卻必須遺忘。

戀愛尤其如此。如果你初戀即定終身，並且與伴侶走到人生終點，那你很幸運，但在這個世界上，大部分的人是曾經與人相遇、相愛，後來又不得不分開。這就是人生不斷會發生的事，它由大大小小的開始與結束所組成。

當一個章節結束時，你首先要學會遺忘。回憶無法支撐你走過漫長的人生，你必須開始新的生活，全心全意地投入一段新的感情。假如你總是念念不忘前女友的好，處處把現任女友和她放在一起比較，那麼對現任女友是極不公平的一件事，對你的未來也有害而無利。

愛情有時很堅定，海枯石爛心不變；愛情有亦很脆弱，容不得一粒沙子。每段戀情都需要全心全意，需要毫無雜念，需要徹徹底底。所以有些事情我們要牢記，有些事情我們要學會忘記，不能忘記的，就請深埋在心底，永遠不再提起。

一個人生活，不是獨守空閨

誰都不願意碰到失戀，可是它必然存在。開始與結束，得到與失去，本就是孿生。失戀如紅茶，前味雖苦，餘味卻是綿長細密，可以豐富你的內心與生活。如果你正承受著失戀痛苦，暫時無法接受這種說法，那麼不妨現實一些，以**學習獨自生活**來療傷。人們會告訴你，只有再度展開一段戀愛，才能讓你真正走出上一段的陰影，但那也是你經過一段獨自的生活之後，才會發生。不要指望剛分手便立刻有公主降臨或白馬王子前來搭救。即使真有，在你尚未走出感情陰影之前、未能有時間梳理上一段感情之前，你將易重蹈覆轍，在失戀的路上越走越遠。

一個人生活，不是孤守情人離去後的天地，而是獨自堅強地開闢一片新天地。獨立寒風的滋味未必好受，卻是磨練心智的最好時節。

你沒有立場為一個已經毫無相干的人難過；一個不懂得欣賞你的人，亦沒有資格讓你為他悲傷。一個人的離開，只是因為懂你的那個人尚未出現，與其留戀一場無望的愛情，不如瀟灑地轉身，投入付出與回報成正比的工作學習之中。

這個世界上，沒有誰離開誰就活不下去，除非他是為你提供水、空氣、陽光和食物的上帝，所以「沒有你，我就活不下去」的傻話，只不過是強烈的感嘆；把愛情視為一切的人，是執迷不悟之人。為愛情而放棄自己的事業、愛好和友情的人太傻，放棄了這些寶貴的東西，也就是放棄了你做為一個獨立之人的創造能力。

要知道，真正打擊你的不是失戀，而是你對待失戀的心情。

愛情的尺度

人人都有缺點，這是不可否認的事實。

戀愛中的男女常常被愛情沖昏了頭，認為對方就是自己苦苦尋覓、最完美的白馬王子或白雪公主。而當愛情逐漸冷靜下來的時候，才發現對方怎麼突然變得庸俗起來，缺點多得令人不敢置信。

其實，缺點是原先就有的，只是那時的你尚未發現罷了。所以，我們不妨在戀愛中就拭亮自己的眼睛，看清對方的真實面目。

既然我們不能找到一個完美的人，那我們就要找一個能與自己相互承讓、相互容忍、相互體貼的愛人。而他願意為你逐漸改掉壞毛病，你也願意為他去掉壞習慣，這就是愛情的尺度，愛情的度量。

只有這樣的愛情才能永恒，只有這樣的伴侶才是好伴侶。

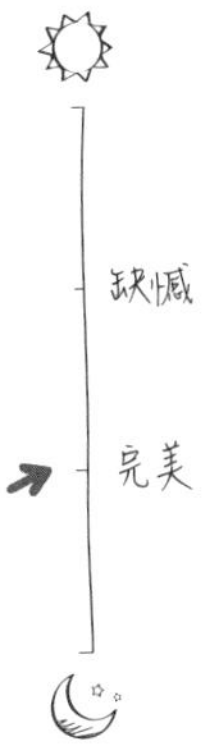

世間無完人

在一個婚戀交友節目上，出現了一位優秀且完美的男嘉賓，許多女嘉賓都非常青睞他，觀眾都以為這位男嘉賓絕不會被淘汰。誰也沒想到，所有的女嘉賓最後都選擇淘汰他。

這是為什麼呢？他幾乎挑不出缺點啊。

其中一位女嘉賓表示：「這位男嘉賓太完美了，一個人怎麼可能沒有任何缺點呢？」

女嘉賓的言外之意便是，對方不可能完全沒有缺點，他之所以表現得這麼完美，唯一的可能就是他虛偽地掩飾了自己，刻意展現完美的模樣。姑且不論節目的真實性，女嘉賓們的反應確實是人與人相處時的縮影。世上的人大抵如此，很多時候選擇和一個人在一起，並不是認為這個人有多麼完美，而是因為既看到他的優點，也了解他的缺

青春詩歌

聽著，殘殺動武才算男子漢嗎／窮凶惡極才真算偉大嗎
嘿，用數量和重量來衡量愛人的價值／這豈是明智或公正之舉

Say, is it carnage makes the man?
Is to be monstrous really to be great?
Say, is it wise or just to scan your lover's worth by quantity or weight?

——司馬特（Christopher Smart）《為身材矮小向某女孩致歉》

點，甚至覺得這就是他可愛的地方。

對於別人，我們要採取寬容的態度，接受對方的不完美。那麼對於自己呢？

對於自己，我們同樣要接受自己的不完美。我們常常對自己要求很高，不管是對於學習，還是對於我們的工作，甚至是對於我們的人生，每一件事情，我們都希望自己做到極致。殊不知，這根本是不可能的。我們要有這樣的意識，事情無法達到十全十美。

很多事情都會留有瑕疵或是缺憾，這樣我們才有進步的可能和空間。不要抱怨自己不完美，要知道，你是這個世界上獨一無二的自己，即使不完美，也是最真實的存在。

我們身邊時常有庸俗的人、庸俗的事，對此，你是不是常常一笑置之？但為什麼對於另一伴偶爾的庸俗，你就那麼斤斤計較呢？難道我們不可以像對待身邊的其他人事般，大度地對待他們嗎？

要知道，沒有不食人間煙火的神仙，在生活面前，誰都會有庸俗的時候。只要我們改變自己的心態，自己的伴侶也會變得可愛了，不是嗎？寬容一些，別太苛刻，這樣，你才能與伴侶攜手走完漫漫的人生路。

儘管人人都追求完美，我們卻不得不遺憾地承認，這個世界上沒有絕對的完美。絕對的完美本身就是一種瑕疵，顯得那麼不真實，那麼虛浮。只有缺憾，才是真正完美的表現。所以，我們要學會接受不完美，要學會欣賞萬事萬物的不完美。

選擇讓你更好的人

老汪年輕時靠著賣報紙掙了一些錢，然後在親戚的幫助下開了一家小餐館。他不怕吃苦，整天辛勤地工作。小餐館在他精心地管理下，生意蒸蒸日上，顧客由一些街坊鄰居躍升白領階層，甚至還有許多政商名流慕名而來。老汪見那些大人物滿身名牌，羨慕不已，希望自己有一天也能過上這樣的生活。

日子一天天過去，小餐館變成連鎖餐廳，老汪的錢包也鼓起來了。他買了名車、別墅，逐漸走進他朝思暮想的上流社會，少不了大大小小的應酬。老王不再是那個什麼都不懂的鄉巴佬，而是個成功的企業家。

但是老汪漸漸發現自己與這個圈子格格不入，他那雙長了老繭的手經常被人笑話，面對滿口英文的客戶，他根本不知道對方說的是哪一句。內心樸實的他真無法融入，每日的應酬也讓他疲憊不堪。

沒多久，老汪就把生意頂讓出去，帶著老婆回到老家。雖然他實現了年輕時的夢想，但他也意識到那種生活根本就不適合自己，種花養草，這才是他的生活情趣。

有人喜歡住豪華別墅、開最奢華的轎車、拿最高的薪資，每個人都渴望最好的生活，因為最好的總顯得珍貴，而那些過於平凡的人事物向來不受到人們的歡迎。然而事實是，最好的往往並不一定最適合自己。你可能覺得住在空盪盪的別墅，吃飯睡覺都極不自然；高級轎車雖然漂亮，但使用時得格外珍惜，好像一點也不適合性格大剌剌的你；你追求的社經地位，其壓力可能不是你所能承受。

面對愛情亦如是。

電影《特務愛很大》裡，描一位單身女郎蘿拉夾在情場浪子與深情男孩之間，由於兩人都太過優秀，導致蘿拉無從抉擇。於是，她向已婚的閨中密友尋求意見。閨中密友說道：「不要選擇那個更好的男人，而是選擇能讓你變得更好的男人。」

選擇的時候，一定要選擇適合自己的，而不是最好的。那些在別人身上頗顯珍貴的東西，你不一定**撐得起來**，因為不適合。

如果你選擇了一份合適的工作，選擇了一個合適的對象，買了一套合適的房子，那麼你的生活是非常幸福的。任何人與事都需要合適不合適，簡單的一句**不合適**，你就可以拒絕，因為不合適，強求來的只會是長久的痛苦與磨難。

嫉妒是愛情的附屬品

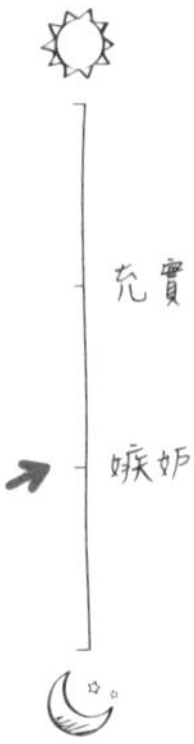

當愛情從天而降的時候，嫉妒與懷疑也跟著悄悄地誕生了。

當我們愛上一個人，便開始嫉妒他與別的異性在一起，他們在一起說話、吃飯、聊天都會遭到我們的懷疑，「他們是不是……」這種心情常常惹得我們怒火中燒、欲罷不能

而當我們面對愛人投來的嫉妒與懷疑時，我們卻常常覺得不可思議，做出一副無辜和無奈的表情，有時甚至開始厭惡起自己的愛人來：「他怎麼會有如此的想法呢？真是愚昧。」

其實，只有當愛人深深愛著我們的時候，才會有這樣的心情。如果我們的愛人已經不愛我們了，他才不會在乎你的生活，也不會在意你與誰在一起。所以，愛得越深，嫉妒與懷疑也就強烈，它已成了我們衡量愛情深淺的標準。

為你的愛人對你的嫉妒與懷疑而自豪吧，因為你可以驕傲地向世人宣稱：我擁有愛。

嫉妒之毒

每個人都聽過白雪公主的童話。

白雪公主美麗善良，但她的後母嫉妒白雪公主的容貌，處心積慮地想除掉她，好讓自己成為世上最美的女人。最後白雪公主幸運地撿回一命，她的繼母卻因為自己的嫉妒之心而自食惡果。

嫉妒是一劑可怕的毒藥，它足以扭曲一個人的理智與情感。心理學家表示，嫉妒是一種「因為他人勝過自己而引起反抗之心」的消極情緒。如果一個人看到他人比自己強時，心裡產生憎惡、憤怒、猜忌、屈辱以及傷心等複雜情感，那就是嫉妒。此時，他不能容忍別人超越自己，害

青春詩歌

我想要成為你的偷窺狂／你每日秘密的持有者
且希望這是你在我身上造成的／唯一的病

I want to be your voyeur; the holder of your daily secrets——
and hope that it is the only sickness
you breed in me.

——無名氏《病源》

怕別人得到自己無法得到的成績、名譽與地位等等。在他看來，自己辦不到的事別人也不能辦到，自己得不到的東西，別人也不可以得到。

晴子是一家科技公司的職員。她優雅大方，聰明能幹，在男多女少的公司裡很受歡迎。工作三年來，她已經習慣了這種眾星捧月的感覺，不料在公司新進的員工裡，有個叫做小櫻的女孩子，讓她的地位受到威脅。

小櫻活潑開朗、可愛大方，很快就和同事打成一片。雖然小櫻就只是單純地愛熱鬧、愛說笑，但看在晴子的眼裡，這些行為都代表了小櫻在向她挑戰最受歡迎的地位。在這種嫉妒心的驅使下，晴子的心理失衡，視小櫻為眼中釘。

當同事誇小櫻活潑可愛時，晴子就批評她是個沒教養的瘋丫頭；當小櫻有什麼問題向她請教時，她也一改往日的和藹可親，擺出一副臭臉。漸漸地大家都感受到晴子對這個新人的敵意，同時也看到她尖酸刻薄的一面。面對故意挑刺的晴子和無辜的小櫻，同事們自然站到小櫻這一邊，這讓晴子更加嫉妒小櫻，變得脾氣暴躁古怪、性格多疑，以致影響到她的人際交往和工作。

英國哲學家培根（Francis Bacon）曾說：「嫉妒這個惡魔總是暗暗地、悄悄地毀掉人間的好東西。」

嫉妒毀掉了晴子和同事的友好關係，毀掉了她的美好前程，所以你也應該意識到嫉妒所具有的強大破壞力。它可能源自於一件小事，但若處理不當，就會造成不良後果。嫉妒心會讓人事事好勝，常想方設法阻止別人的發展，總想壓倒別人。這可能使同學、朋友想躲開你，不願與你交往，從而給自己造成一個不良的人際關係氛圍，使你感到孤獨、寂寞。

應對嫉妒心的方案

其實，我們每個人都有嫉妒心，這是一個很自然的心理現象。有嫉妒心無所謂，重要的是怎麼處理和應對，這對你的心理健康、對你的成長、成熟都至關重要。

要評價一個人的嫉妒心是適當或者過大，就要看這對他的生活有多大的影響；使他感到嫉妒的事件與他的嫉妒程度是否相稱。如果你在人生的大事（諸如升學、升官、婚姻等等）上，輸給了對手，因而嫉妒得兩天睡不著覺，那不算過分，但假如一點點小事就讓你嫉妒得吃不下飯，那就很嚴重了。

這種嫉妒心首先會傷害你，扼殺你的進取心，降低你的能力。其次，它會傷害你身邊親密的人，破壞了親情、愛情和友情。正如莎士比亞（William Shakespeare）所言：「嫉妒是綠眼妖怪，誰做了它的俘虜，誰就要受到愚弄。」

那麼，面對這劑毀滅美好感情的毒藥，有沒有良方可以醫治呢？當然有。

金無足赤，人無完人。

首先，你要正確地認識自己，尋找新價值。每個人都有自己的優點、優勢和能力上的缺陷。你要努力發掘自己的優點並善於發揚，通過發揚自己的優勢而建立信心。比如你的朋友智商高、學習成績好，這方面你不如他，但你音感好、體能好或是擁有美術天賦，也同樣可貴。

能享有忌妒的人是閒人，
如果生活充實，就沒有工夫沉溺在嫉妒裡。

其次，你要充實自己的生活。所以除了工作以外，你要多多參加活動、多讀一些文學作品，藉此陶冶情操、開闊視野，並從中瞭解、發掘自己的潛能。屆時，你就無暇去嫉妒別人。

另外，你要學會**放棄**。

放棄似乎給人一種消極的感覺，但其實放棄是一種調劑自我的策略之舉，它讓你可以客觀冷靜地對待事物，學會從多角度去思考。當你在心中建立「不要為一點小事而嫉妒，沒必要」以及「誰都有失意的時候，人生的路還長」這樣的想法，學會**不在乎**，嫉妒心就不會持久，更不會產生反抗的行為。

服用這三味良藥後，你會發現，你看待事情的角度已經多了一份理解、少了一份敵意，多了一份溝通，多了一份愛。

花言巧語的假象

花言巧語對他而言，就如同吃飯睡覺一樣毫不費力，而且他還頗為享受自己的嘴上功夫。

這種人的舌燦蓮花，眼睛連眨都不用眨一下，就可以說出一百個愛你的理由。其實這種人是最不可靠的，他們既然可以把黑的說成白的，就能把白的說成黑的，一旦博得了你歡心，達到了他的目的之後，他就會慢慢露出其真面目，慢慢表現出他的無情來。

他甚至能夠找出一千個理由來拒絕陪你吃一頓飯，他們也能夠找出一萬個理由將自己的無情洗脫得乾乾淨淨，說不定還會讓你心生內疚呢。

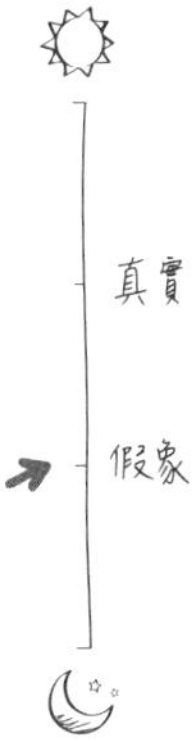

窮男人也會變壞

女孩嫁給窮男人，最大的理由就是為了愛。她一心一意地尋找自己傾心相愛的人，她對金錢嗤之以鼻，認為金錢和人品成反比。但她沒想到的是，一個窮男人不一定能給她真正的精神上的滿足；窮男人不一定就格外溫柔、格外浪漫、格外尊重你。相反的，很多時候，因為自卑和生活的艱難，導致他的性情暴躁。

Tara和她的先生Jimmy是高中同學，畢業後就各奔東西，並無聯繫。

可是三年前他們在高雄不期而遇，隨後就產生感情，決定成家。Tara的家人非常反對這段戀情，因為Tara目前還在攻讀碩士，而大學畢業的Jimmy雖然已經在工作了，但一個月根本賺不了什麼錢，再加上他抽煙喝酒，存錢更是不

青春詩歌

噢，讓我深陷於愛——熄滅
我的感覺，讓我聾又瞎／被你愛的風暴橫掃／一支小蠟燭在疾風中

Oh plunge me deep in love——put out
My senses, leave me deaf and blind, Swept by the tempest of your love,
A taper in a rushing wind.

——蒂斯黛爾（Sara Teasdale）《我不屬於你》

可能。

Tara則一心護著Jimmy，她認為能走在一起是緣分，經濟方面不是問題。不巧的是，Tara卻在婚後不久就懷孕了。Jimmy勸Tara把孩子打掉，而Tara堅決要生下孩子，於是，兩個人大吵起來。

「沒錢生什麼孩子。」Jimmy說。

「那還不是你的原因，念書時不努力，出社會後薪水少！」Tara順勢說了出來。這下說到了Jimmy最自卑的地方，於是Jimmy狠狠地賞了她一巴掌，Tara當天就離開了家。

第二天，Tara就到醫院拿掉孩子，離婚協議書也隨後到了Jimmy的手裡。

只要兩個人感情好，喝涼水也甜。

有一些女人是這麼以為的，感情萬能，能抵禦一切。她們以為男人有錢就變壞，他們很容易在外面花天酒地，窮男人卻沒有這個條件，相比之下就會老實許多。其實戀人是否會變壞，和他有沒有錢並無必然的關聯。窮男人一旦有機會也會變壞，甚至可能瞞得更加隱秘。

女人嫁給有錢的男人，她可能幸福，也可能不幸，因為這裡面有太多的不確定因素。而女人嫁給一個一無所有的窮男人——這個窮不但包括物質上的窮困，還包括沒有進取心、沒有創造力等等精神上的窮困——她就是鐵定不幸的了。

致第三者

塵世間的愛情，再轟轟烈烈，到最後也不過就是過日子罷了。

無法明白這點的男人便會被所謂的「三年之痛」、「七年之癢」的魔咒擊中。他因為深鎖在千篇一律、一成不變的婚姻生活裡，而覺得無聊，於是開始渴求改變、躍躍欲試地尋求冒險。這類的男人並不是透過出軌去尋找真正的愛情，只是想借此調劑平淡的生活。

身為女人的你，因為把持不定而中了他的圈套，沒想到自己只是他生活不幸福、工作壓力過大的一種安慰，你並不是他的真命天女。這樣的你只是個第三者，你和他的感情不能公之於眾，你只能充當地下情人，當他開始覺得你和他的妻子一樣令人乏味時，他隨時會抽身離開，而你卻深陷於愛情裡無法自拔，獨自一個人承受巨大的身心創傷。

曉玲的性格內向乖巧，因此進了大學以後追求者眾。但因為受到家庭的影響，她怕戀愛、更怕婚姻，所以一一拒絕了那些男生的追求。只是出乎她的意料，一位助理教授卻闖入了她的世界。他不高不帥，也談不上有錢，但是曉鈴就喜歡他那憂鬱的眼神。

所以她努力學習，成為他的得意弟子，但兩人始終沒有什麼促膝長談的機會，更多的時候，是曉鈴像小孩子傳紙條一樣，偷偷地將自己的心事傳達給對方，而對方從來沒有回覆曉鈴。曉鈴知道對方有妻子、有兒女，可是她就是無法自拔，她覺得自己再也無法喜歡上別人了。

曉鈴一直堅持著，苦苦地等。

雖說對方沒有給過她任何承諾，可是曉鈴鑽進了牛角尖，即使畢業以後，她依舊不願意放棄，不肯讓自己解脫。

愛上了別人的另一伴，就等於守候一個遙遙無期的承諾。即使對方真的對你有感情，你會發現自己癡癡地愛上了的是個不屬於自己的男人，對方終究會回家，他的另一伴終將接納他，大鬧大愛了一場，無處可處、受了傷的只有你，只有你被一段沒有結果的孽緣苦苦折磨。

因醜陋而愛慕，是絕無可能的事

當然，這是大家普遍都知道的道理。

不為美麗而動心的戀愛，在這個世界上幾乎是不存在的；因為醜陋才愛慕，這種愚蠢的事，幾乎是不可能發生的。但是倘若如此，所有的戀愛遲早都會枯萎。

問題在於，你該如何延長對戀人的美麗的感受，以及賦予它多樣性感覺。隨著你的感覺，戀愛的死亡時間也會跟著改變。

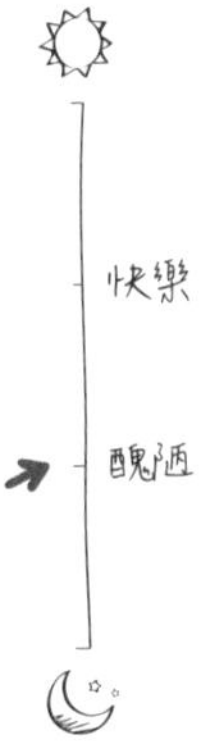

找對欣賞的角度

美麗的外表令人炫目一時，只有深刻的內涵才能夠讓人仰慕一生。

我們常常可以聽到有人用不屑的語氣談論某個美女或帥哥，說他只不過長得好看一點罷了。確實，賞心悅目的長相是他的長處，可是內在的魅力才是他讓人回味的原因。

琳琳二十出頭，姿色平平。

她身旁的同學們一個個花枝招展，害她老覺得自卑。她有一個強烈念頭，那就是生為女性，如果長相不漂亮，生命就有缺憾，找工作、交男朋友，處處吃虧。琳琳因此日益憂鬱，上課時也總是無精打采的。

她想，既然生活對她來說毫無留戀之處，不如跳河自殺。一位老先生救了她之後，對她說道：「人有兩條命，一條是屬於你自己的，剛才你已經自殺摒棄了，還有一條生命是屬於眾生的，願你加倍珍惜。」

琳琳聽完之後，不禁嫣然一笑。老先生覺得她這一笑，美麗無比，於是繼續說道：「你的笑容很迷人嘛。」

青春詩歌

根植於美麗的愛，就如同美麗一般，疾逝。
選擇平凡容貌，你的愛亦不會畸形古怪。

Love built on beauty, soon as beauty, dies ;
Choose this face, changed by no deformities.

——約翰・多恩（John Donne）《輓歌》

琳琳一聽，很高興，從此笑顏常開。此後，生活也突然變得豐富多彩起來。

有個漁夫從海裡捕到了一顆大珍珠，當下欣喜若狂。可是漁夫回到家裡一看，發現珍珠上有個小黑點時，心裡覺得相當不舒服。他想，如果能將小黑點去掉，珍珠將變得完美無缺，成為無價之寶。於是漁夫開始想辦法去掉黑點。然而剝掉珍珠的表層，仍可見黑點，再剝一層，黑點還在，剝到最後，黑點沒了，珍珠也不復存在。

在這個世界上，總有許多人一味地追求完美無缺，他們往往只能看到自己的瑕疵，因此陷入痛苦的深淵而不能自拔。但這個世界並不完美，人生也不可能沒有遺憾。生命的可貴之處不在於處處完美，而在於發現美，就像琳琳經老先生一點撥，發現了自己的迷人笑容。

美麗確實可以讓人心情愉快，所以追求外在的美麗是普遍的渴望。但是容顏只是你的一部分，或許你還有聰明的大腦、機敏的應變能力……等等，那些以容貌去取悅別人的人會發現，青春終將過去，那份打動只是暫時的，只有善於發現自己的優點，培養自己的內在美，才可以長期感染他人。

快樂是人們一輩子的追求

一個快樂的人，在帶給他人愉悅的同時，也為自己帶來一份自信；打從心底感到快樂的人就像美麗的天使、最燦爛的陽光，照亮自己的生活，也照亮旁人的生活。

誰不希望在煩悶的日子裡透一口氣？

誰不希望在壓抑的工作中找到一絲輕鬆的理由？

有太多太多的理由，讓人們愛上一個快樂的人。

英國王子查理斯和王妃戴安娜在一起的那些年裡，他們之間有過轟轟烈烈的激情，但是查理斯從未說過和戴安娜在一起很快樂。與此同時，戴安娜也經常鬱鬱寡歡。

戴安娜死後很多年，查理斯終於正式承認，他愛的一直是密友卡蜜拉。

人們百思不解，這樣一個年邁而平凡的女人，長相醜陋根本比不上黛安娜，王子究竟為什麼愛她?查理斯的答案很簡單:「跟她在一起,我很快樂。」

是的,就是這麼簡單的一個理由,打敗了最美麗的王妃,打敗了所有想成為王妃的女人。

也許你要說,你知道快樂很重要,但生活的重壓實在讓你快樂不起來。

誠然,生活裡有太多的責任、太多負擔以及太多約束,但所有的煩惱、苦悶以及憂鬱,是隨著人們習慣性地把自己的心囚禁在狹小天地裡而來。他們總會為一點小事、為一句話、為一個被忘記了的承諾而敏感易怒,放任自己的行為變得不可理喻;他們始終不明白現實與理想之間永遠會有距離,而這份距離是你用盡一生的努力也無法縮短為零,於是總哀嘆懷才不遇、遇人不淑,所有的不快樂也就寫在臉上。

聰明的人會主動尋找久違的浪漫情趣、調適自己,比如說,他會去野外聽蛙鳴鳥叫,去山裡看草長鷹飛,在天高雲淡的秋日採摘一片絢麗的楓葉,在解放自己心靈的同時,也讓身邊的人一起感受到愜意。

所有的浮華,所有的成敗得失,都只不過是過眼雲煙。當你遭遇不快時,請提醒自己，就算什麼都沒有了，也要保留快樂，只要還擁有快樂，一切就都會好起來。因為失去了快樂，再美麗的面龐都不再動人。也許不是每一個人都生有漂亮的容顏，但是每一個人都可以做到擁有一顆快樂的心和一張寫滿笑意的臉。

青春痘測驗

如何克服你的愛情弱點

剛開始談戀愛時，我們確實是會努力向對方表現自己最完美的一面，但我們也都心知肚明，世界上沒有完美無缺的男神或女神。只要是個地球人，難免都會有優點和缺點，有強勢也有弱勢的一面。雖然如此，我們還是可以努力地改正，使自己成為一個更好的人。

你認為以下哪一種顏色，最適合搭配咖啡色？

Ⓐ咖啡色

你一直以來都對甜如蜜般的感情生活相當憧憬，所以常常出現過於依賴對方的情形，令戀人無法忍受。雖然人們談起戀愛難免都是「心中只有你」，但絕對不能將對方當成唯一的重心。建議你多多培養自己的興趣，充實自己的生活，如果還是無法放下對方，可以將注意力放在規劃下一次的約會上，藉以轉移當下想打電話給對方的衝動。

Ⓑ灰色

你的想法較為陰鬱，你認為找到真愛是不可能的事情，所以不願意認真地投入一段感情。你寧可寄情於事業，也不要浪費時間追求這種虛幻的空想。這種對愛情的退縮態度，讓你錯失許多良緣。建議你不必一開始就把對方當成戀愛的對象，而是將視他為朋友，認真經營你們的友情，以平常心對待，讓一切自然發展。

Ⓒ藍色

你的身邊有許多聊得來的異性朋友，只是總很難再向前邁進一步。你的愛情弱點便是不清楚什麼樣的人事物才適合自己，時常做些吃力不討好的事。比起一個志同道合的伴侶，你更需要的是溫柔的情人，彌補你較為衝動的性格。建議你花點時間反省自己過往的愛情歷程，檢討每段感情的功過疏失，才能逐步成長，得到一段美滿的感情。

Ⓓ綠色

你過去是個完美主義者，做事拘謹、遵守規矩以及想法傳統，而且因為你鑽牛角尖的性格，你跟你的伴侶都吃了不少苦頭。你要汲取過往的教訓，努力掙脫大大小小的思想制約，重新衡量自己所追求的生活價值。當你懂得主動享受愛情的美好，你會發現你跟伴侶的身心更加輕鬆，感情會更持久。

Ⓔ紅色

你是個善於社交，人際關係良好的人。愛情是你人生裡的必需品，你極需愛情，到了不在乎被它傷害的程度，你總是任由自己被感情上遇到的煩惱淹沒，然後再利用過往的經驗，克服眼前的愛情煩惱，戰勝自己的低潮，積極地為這段感情制造快樂。正是因為這種樂天的性格，你要特別小心，別輕易掉入桃色陷阱之中。

Ⓕ黃色

在感情裡遇到挫折時，你能夠自己調適心情，然而你最大的弱點就是，「一遭被蛇咬，十年怕草繩。」一旦重新找回生活的平衡，你就不願意再談一次戀愛，不願意再冒一次會受到傷害的風險。其實傷痛是愛情裡的必然，與其抱著「不再受傷」的期待，不如好好思索，如何讓自己「不怕受傷」。

Ⓖ紫色

你嚮往良好的生活品質，難以接受庸俗且沒有品位的人事物，因此你的人際關係相當狹隘，容易被外在條件好的人欺騙，愛上不該愛的人。正所謂：「日久見人心，路遙知馬力。」請你在付出自己的真心之前，冷靜思考對方是不是真是個值得你好好相待的人。只要常常這樣審視、觀察，久而久之你就會發現，外在條件普通的人，也有他令人佩服之處。

青春私房話 4

夢想，是人生不落的太陽

Dream

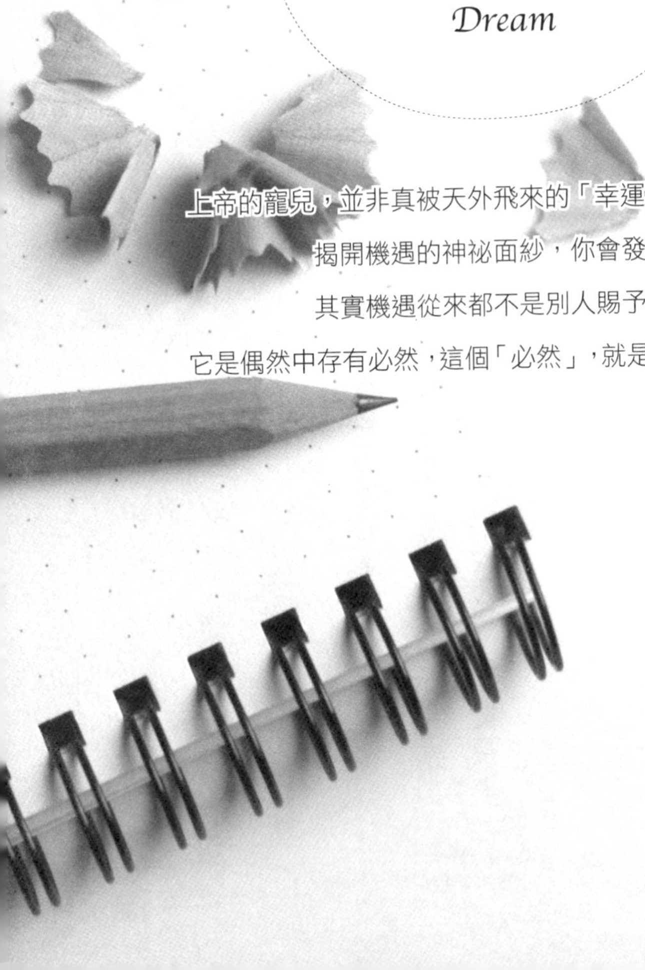

上帝的寵兒，並非真被天外飛來的「幸運」砸中了腦袋。
揭開機遇的神祕面紗，你會發現，
其實機遇從來都不是別人賜予的，
它是偶然中存有必然，這個「必然」，就是你的人生態度。

從必須，到想要

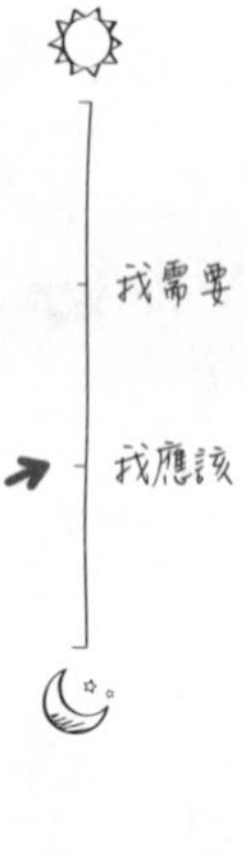

男人坐在心理醫生的辦公室裡，傾訴最近令他感到困擾的事。

他想在八月前兩個星期休假，但是那時他父母希望他幫忙油漆房子；女朋友希望在秋天和他一起去度假，而他的上司則希望他能把假期延後，以便接下另一個重要的案子。

「那麼，你想怎麼辦呢？」他的心理醫生問他。

「我不知道，我不知道應該怎麼做才能滿足他們。」他答道。

如果你的生活只為了取悅周遭的人，父母、朋友、上司或親密愛人，而忽略了自己的夢想，你會覺得自己就像轉輪的中心，每一個你想滿足的人就像一根根連結著你的輪軸，你將因為無法選擇自己的人生而備受牽制。

如果取悅他人而使你陷入極度的痛苦和矛盾中，是否該把應該和必須從你的字典裡剔除，取而代之的是想要和需要的字眼呢？能順著自己的意思做任何事是幸福的。

走自己的路，讓別人說去吧

義大利詩人但丁（Dante Alighieri）曾說：「走自己的路，讓別人說去吧。」

如今的人們喜歡特立獨行，假使把這種精神運用追求夢想上，就是值得鼓勵的；但僅僅體現奇裝異服和行為上的詭譎，就是一種幼稚的表現。

阿森是行銷部門的小主管，他的收入穩定，社經地位也不錯。他近日發現，因為全球吹起環保與養生的風潮，腳踏車車友越來越多，在現任的公司周遭出租腳踏車是巨大的商機。但是在這附近開店營業，隨時可能遇到熟悉的

青春詩歌

歌乎，就任他們拿去，
有更大的魄力，才敢於赤身而行。

Song, let them take it,
for there's more enterprise
in walking naked.

——葉慈（William Butler Yeats）《一件外套》

同事與主管。幾經考量之後，阿森第二天就向公司遞出辭呈。

對阿森來說，最難熬的是開店的第一天。

他獨自守著幾百輛腳踏車，熟識的朋友都不懂他為何淪落於此，還有一個昔日的好夥伴好心地想要介紹他一份好一點的工作。實在是太尷尬了，阿森心想。但想到自己的雄心壯志，他還是忍了下來。

不久後，他的計畫終於有了起色，於是他雇用了幾個小職員，正式成為老闆。由於這一行不需要太多的專業技術，阿森訓練好員工之後，就自個兒到處考察合適的開店據點，拓展生意的規模。

憑藉著這樣的小生意，阿森成為朋友們津津樂道的成功人士。阿森說，幸虧他當初不顧家人的反對與眾人的嘲笑，堅持了下來，否則自己不會有今天的成就。

實現夢想是必須付出代價的，其中一個代價，就是受人非議。

面對議論，你要泰然處之，不要誇大它的作用，也不要小看它將帶給你的壓力。承擔壓力本非易事，但只要你相信自己的選擇是正確的、堅持自己的想法，用實現夢想來證明自己，就是阻止議論的最有效之道。

其實，許多人之所以無法實踐夢想，並非他們的能力不足，而是因為他們的性格軟弱，容易動搖。一旦周遭人否定了他的想法與做法，他就認為是「自己想太美了」、「這麼做果然行不通」，而這一時的挫折就讓他從此退卻。這正是一種不自信的表現。

那麼，你該加強自我意志，不讓自己在關鍵時刻因為懷疑自我而功虧一簣？

你不妨試著這麼做，當人們否定你的時候，在每一句批評的後面，加一句自我肯定（諸如：我一定行、我會證明給你等等）。如此一來，你就能夠不斷地堅持自己的想法和做法。

記住，在聽取他人意見的同時，不能失去判斷的能力，不能聽信偏言，更不能懷疑自己實踐夢想的可能。畢竟，從來都沒有人可以擊垮你的自信，除了你自己。

走別人沒走過的路

沿著前人的路走下去，人生之途平坦，但亦平庸。

每個人都有與眾不同的能力，因此每個人的成功之道肯定也各有不同。或許你認為

走沒人走過的人生之路需要勇氣，沿著他人開闢的道路走下去比較不會摔跟頭，但事實是，跟在多數的人後面走，你要摔的跤並不會比走自己的路要少。

股神巴菲特（Warren Edward Buffett）曾說：「在其他人都投資之處投資，你是不會發財的。」一個人總是沿著別人發跡的道路去尋寶，即使有寶藏也被別人挖空了。

面對航空業日益高漲的競爭壓力，美國西南航空公司的總裁赫伯．凱萊赫（Herb Kelleher）沒有正面與各大航空公司交手，而是專門去尋找被忽略的國內潛在市場。

他決定將重心放在國內的短途業務，遵循「中型城市、非中樞機場」的基本原則，在一些被其他公司認為不符合經濟效益的航線上，以「低票價，高密度，高品質」的手段開闢和培養新客源。由於每個航班的平均航程僅為一個半小時，因此西南航空只提供飲料和花生米。這麼做不僅能將昂貴的配餐服務費用「還之於民」，又能讓每架飛機淨增七至九個座位。

把飛機當成長途汽車來經營，讓成立之初只有三架飛機的西南航空公司，拓展到超過五百多架飛機，並在二〇〇五年成為美國第二大的航空公司。

當多數人還在模仿和複製別人的成功模式時，你是否應該有自己的一套想法？有些人的人生軌跡程拋物線狀；有些人的人生軌跡呈直線狀；有些人的人生軌跡屬於波形。但因為每個人都知道直線的人生距離是最短的，於是多數人都選擇模仿這樣的人生軌跡，結果人太多，競爭太大，反而被擠了下來。

真正成熟的人是懂得走自己該走的路，而不被眾人的意見迷惑，不被周圍的誘惑誤導，只忠誠於自己的內心感受，忠誠於自己的優勢，從而成為一個活得有自我特色的人。這樣的人即使一生中沒有任何傲人的成就，也不會在歲月中留下無限的悔恨。

改善生活，改變自己

當時如果這樣做，現在可能早有另一番景象了。人們常這麼說道。

這意味著什麼呢？

感嘆、哀傷，還是後悔？總不會只是在安慰自己吧？

人們常常生活在後悔和回憶之中，這是因為人們對現實狀況總是抱持不滿意的心態。但後悔是於事無補的，世界上沒有後悔的藥，事情不會因你後悔的程度而有一百八十度的大轉變，其實若將時間向前推移，所說的話改為「現在若是……將來則是……」，情況就會大大地不同。

美國詩人惠帝爾（John Greeenleaf Whittier）曾說：「無論是說的或是寫的，最令人傷心的言詞就是，『當時若是……如今則是……』之類的言詞。」

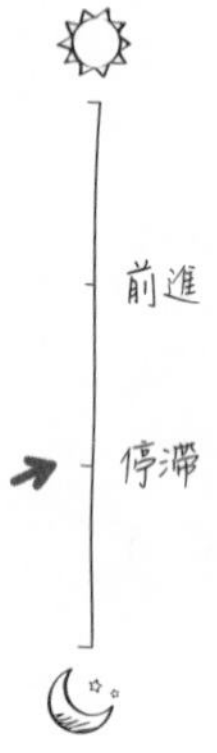

重視每一個現在

人生所有的時間裡，**現在**是最棒的。我們可以不斷地回味過去的精彩，無時無刻地夢想未來可能獲得的成就，但所有的時間裡，只有**現在**是最有意義。

小張跟小李在同一家旅行社工作。沒過多久，他們兩個人都意識到自己的語文能力不足以勝任現在的職位，但是兩人都不願意放棄。於是，小張立刻參加語言培訓班，小李則決定在家自習。

結果小李因為不善於管理自己的時間，並且缺少堅持下去的動力，不久後就放棄了。小張則相反，既然學費都已經繳了，他就必須強迫自己唸下去。很快地，小張就通過了認證考試，並在培訓班上認識了一位優秀的女性，談了一場戀愛。

青春詩歌

他知道自己老得很：他看得到，感覺得到。
但卻彷彿昨日他還是個年輕人。
時光如此短暫，如此的短暫。

He knows he's very old now: sees it, feels it.
Yet it seems he was young just yesterday.
The time's gone by so quickly, gone by so quickly.

——卡瓦菲斯（Constantine P. Cavafy）《一個老人》

當小李收拾東西離開公司的時候，小張不僅升了職，而且訂了婚。

怠惰是人的天性。有的時候，想做到今日事今日畢實在是太難了，因為有太多的誘惑在鼓吹我們放棄今天必須要做完的事情。而我們唯一的應對方法就是，每一天都記下明天待辦的事情，並藉由外在的力量（例如故事中小張報名的培訓班）強迫自己一定要完成它，讓自己的行程固定下來。望著計畫興嘆是徒勞的，唯有**行動**，我們才能取得勝利的果實。

我們無法改變過去，也無法準確地預見未來，於是**現在**便成為我們生命裡最重要、最精彩的時刻。如果在過去的時間裡，你重視了每一個**現在**，那麼你就沒有什麼好後悔的；如果今天開始，你重視每一個**現在**，那麼你未來的日子也就不會留下遺憾。

我們相信未來，卻要重視現在。相信未來，能讓我們獲得信心，重拾從泥淖中站起來的力量；重視現在，就如同我們為未來的這棟大廈添上一塊塊的磚瓦，不斷地累積向上。如果說，反省過去能讓我們獲得經驗，那麼重視現在，就能讓我們逐漸進步。

每天只要進步一點點，在未來的某天，我們便能成就大業。

安於現狀，生活只會是一灘死水

有些人之所以一輩子碌碌無為，走到人生的盡頭也沒有享受達成理想的滋味，就是因為他們太容易滿足而安於現狀。

他們不敢冒險，從來沒有更上一層樓的想法，他們只會盲目地工作，賺取勉強能夠溫飽的薪資。但是追求偉大成就的人卻不是這樣，他會盡力尋求對於現狀不滿足之處，發現自己的缺點，並加以改進。

不滿足是進步的先決條件，不滿足才能銳意進取，踏上夢想的人生道路。

我的大學同學小穎，畢業之後留在台北生活，工作待遇不錯，日子也愜意。有一次上台北時順道拜訪她，她便帶我到高級餐廳吃飯。我知道她不缺錢，但隨便就帶我上這麼貴的餐廳吃飯，讓我有點不好意思。所以我對小穎說：「大家都認識這麼久了，隨便吃一吃就好啦。」

她察覺我話中有話，笑了笑地說：「我不是打腫臉充胖子，而且到這種地方來吃一次飯，對你我都有好處。」

我不解地問她為什麼。

小穎說道：「到這裡嚐嚐人家吃的料理是什麼味道，體驗看看不同的服務品質。我就知道，我還可以更好，有一天可以成為這裡的常客。總是去平價的餐廳吃飯，並不會刺激你產生改變現狀的想法。」

有些人對現狀心滿意足，一心一意想要維持下去。然而，**維持現狀**的想法是一種消極、防守的態度，不進則退，沒有積極向前的動力，你的才華與潛力就會因此停頓。

只要能安穩地過一輩子就行了。

只要生活過得去就好，不必過於苛求。

……

如果你有了這種念頭，就只能過一種安穩單調的生活。失敗之人總有失敗的心態，成功之人有成功的心態。心態影響思想，思想影響行為，這是一連串的因果效應。想要過上理想的生活，自然也要有達成理想的強烈欲望。所以，不要滿足於現在的自己，要時時要求自己、努力超越自己，才能在有限的人生道路上，創造一趟更美好的旅程。

如果不是如果

你是否老是用杞人憂天的模式來思考每件事情（例如：露營那天下雨怎麼辦；如果我無法在商店關門前抵達怎麼辦），你容易心神不寧，也因為老是在擔心尚未發生的事情，浪費了大把精力在無法控制預知的事情上。

與其因擔憂而徒增壓力，不如思考各項方法來解決這些你所擔心的狀況。舉例來說，你擔心車子在春節前無法準時交車，你可以先抱持最壞的打算，然後列出解決方式：打電話給車行服務員，請他們盡量不要延遲交車時間。若真的無法準時交車，可以公車或計程車代步，或去租一輛車來應急。

把憂慮轉變為一項項思考縝密的計畫，不但能化解你不必要的擔心，還可以幫助你找到解決的辦法。

青春無悔，勇於嘗試

人們時常把「自我突破」四個字掛在心上，但又常常不知道該從何處下手。

那麼，請你先回答一個問題：「你覺得自己是個**老實人**嗎？」

老實人不一定是個褒義詞，很多時候它暗示著一個人缺乏探索的勇氣。老實人總是瞻前顧後地害怕跌倒，因此永遠跑不快。所以，你首先要突破的，就是老實人的裹足不前。

大學畢業後，瓊斯如願以償地進入《明星報》裡擔任記者。這天，他的上司交給他一項任務：採訪大法官布蘭戴斯。

第一次上班就接到如此重要的採訪任務，瓊斯感到欣

青春詩歌

夢想若是消喪／生命就象貧瘠的荒野
雪覆冰封／萬物不再生長

For when dreams go
Life is a barren field
Frozen with snow.

——朗斯頓．休斯（Langston Hughes）《夢想》

喜若狂，但隨後又愁眉不展。他心想，我任職的報社不是第一流的報社，我也只是一名剛剛出道、名不見經傳的小記者，大法官布蘭代斯怎麼會接受我的採訪呢？

同事史蒂芬得知他的苦惱後，拍拍他的肩膀說：「我了解你的感受。你現在就是躲在陰暗的房子裡，然後想像外面的陽光多麼熾烈。其實，最簡單有效的辦法就是往外跨出第一步。」

史蒂芬先是查詢布蘭戴斯的辦公室聯絡號碼，接著拿起瓊斯桌上的電話。很快地，他就與大法官的秘書開始通話。史蒂芬直截了當地提出了要求，他說：「您好，我是《明星報》的新聞部記者瓊斯，我奉命採訪法官，不知他今天能否接見我？」

站在旁邊聽的瓊斯嚇了一跳。史蒂芬一邊打電話，一邊向目瞪口呆的瓊斯扮鬼臉。接著，瓊斯聽到了史蒂芬說：「謝謝你。我明天一點十五分會準時到。」

「你瞧，只要直接向他說出你的想法，問題就解決了。」史蒂芬向瓊斯揚揚話筒，繼續說，「明天中午一點十五分，你不要忘了。」

瓊斯的臉色輕鬆許多，他終於明白，很多事情其實很簡單，只是我們自己把它想得過於複雜了，因此也就喪失了機會。

美國前總統羅斯福（Franklin Delano Roosevelt）曾說：「我們唯一需要害怕的，是害怕本身。」

怕了一輩子鬼的人，一輩子也沒見過鬼，恐懼的原因是自己嚇唬自己。

世界上沒有什麼事能真正讓人恐懼，恐懼只不過是人心中的一種無形障礙。不少人碰到棘手的問題時，習慣先設想出許多莫須有的困難，這自然就產生了恐懼感。但事實是，如果有一件事是你應該去做的，而你一直在猶豫，那麼單刀直入是最簡單的辦法，做來不易，但很有用。而且只要你這一次克服了心中的畏怯，下一次就容易多了。

訓練自己，在考慮任何事情時，先列出清單，同時列出利與弊、改變與維持現狀的差異，控制心中的恐懼，讓自己變得更有行動力。我們唯有不斷拓展生存空間，不斷地刷新自己，才能在行動中謀求適合自己的發展方式。

時不我待，擺脫拖延的惡習

一日，博士生甲與博士生乙都想跟著某教授做研究，可是教授只能招收一個學生，於是教授決定出一道題目給他們，作為評判的標準。

甲乙兩人同時將報告的電子檔寄給教授。教授仔細的審閱後，發現兩份報告的內容一樣精彩，結論也都非常正確，實在是難分伯仲。思考許久後，教授決定擔任博士生乙的指導教授。

博士生甲不服氣地問教授：「我不覺得自己寫得比較差，為什麼你沒有選擇我？」

教授指著電子檔的建立時間說：「我上週五的上午就把題目給你們了。他是上週五的下午四點即著手寫報告，而你卻是週一才開始做。我之所以選擇他，是因為我認為一個立刻開始行動的人更具競爭力。」

實踐夢想的秘訣，就是絕不拖延，馬上行動。

然而有些人雖然心中嚮往著夢想，卻總是站在原點猶豫不決，找了各種各樣的理由，就是不肯邁出腳步。諸如：「我也許會失敗」、「我準備還不夠充分」、「也許時機未到」、「這樣就開始未免太倉促了」……等等。

而有些人是因為做事缺乏緊迫感，因為想偷懶而拖延。他們想到應該去辦什麼事之後，不是馬上行動，而是找一些不用馬上行動的藉口。諸如：「再休息一會吧」、「明天再做吧」、「後天做也行」、「我今天想先睡覺」、「我先喝一杯咖啡提振精神」、「我的資料還沒有整理好」……等等。

拖延是很可怕的習慣，它不僅會耽擱我們走向夢想的步伐，還常常會帶給我們很大的精神負擔——因為事情不能隨做隨了，全堆在心上——既不去做，又不敢忘，實在比多做事情更加疲勞。更不用說，做事有始無終，也會讓自己有負債之感。

無論大事小事，既然已經開始，就應勇往直前地把它做完。

你可以怎麼對付拖延呢？

當你嚴肅地對待承諾，那事情就會比較容易完成。如果你的承諾是減輕體重、戒煙，或是看一本書，那麼向你的伴侶、朋友、老闆許下承諾，要比你對自己許下承諾有用得多。

對那些你尊敬且信任的人許下承諾，這樣他們就可以幫你一起檢查計劃的實施過程、決定完成期限、評議最後的結果。因為當你向別人許下承諾之後，自然就會想到別人，而不僅是顧慮自己的利益。你的關切、恐懼和憂慮已經變成次要的事，最重要的是別人對你的期望。這種態度上的轉變，可以幫助你改掉拖延的習慣。而且讓別人一起分享你的成就，你還會覺得更加快樂。

請你看一看自己有沒有尚未完成的事情？如果有，就把它們找出來整理一下，安心地去完成；如果已經沒有必要去做，就把事情徹底忘掉。做完這些後，你會覺得非常輕鬆和快樂。

一次只做一件事，而且決定了就做，也是改掉拖延的有效辦法。

善盡本分，宇宙就會不遺餘力地幫你

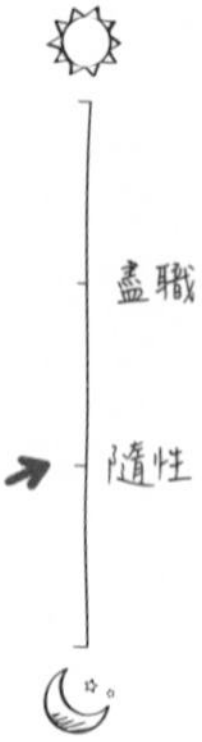

如果你是一個街道清潔者，那麼你可以學習像米開朗基羅畫圖、莎士比亞寫詩、貝多芬作曲一樣，把街道掃得很乾淨，讓路過的人駐足讚嘆：「這裡的街道乾淨地讓人忍不住要席地而坐！」

許多人都覺得自己的工作毫無價值、薪水少、沒有成長空間、得不到他人的尊重，就因為他們對自己的評價太低，加上對工作內容的不滿，因此產生許多來自工作上的壓力和消極的態度。

但是想想看，如果每個人都是總統、醫生、律師或暢銷作家，這個世界會變成什麼樣子呢？沒有人把病患送到醫院，沒有人幫忙處理惡臭橫生的垃圾，沒有人收送郵件，沒有裝訂書籍的人員，沒有書店可以買書，一切原本我們看似理所當然的事都將停擺，所以，每一份工作都是神聖的，值得驕傲的，而每個人都是一顆顆社會上重要的螺絲釘。

在職場上最重要的就是你有被公司利用的價值，因此不論你的工作是什麼，認真做好它，而且最好是無人可替代，那就代表你成功了。

培養自己的伯樂

世界上有才華的人比比皆是，所以千里馬易得，伯樂難尋。

當你是一隻渴望被伯樂賞識的千里馬，你除了必須有與眾不同之處，還必須有吸引伯樂注意力的能力。生命中的貴人，需要你自己去尋找，甚至需要你自己去培養，這不是一朝一夕就可以成功的，想要培養自己的貴人，就必須付出巨大的努力。世界上當然有伯樂，你當然也有被賞識的機會，但他不會無緣無故地被你碰到，而是需要你自

青春詩歌

綠葉戀愛時便成了花。
花崇拜時便成了果實。

The leaf becomes flower when it loves.
The flower becomes fruit when it worships.

——泰戈爾（Rabindranath Tagore）《飛鳥集》

己爬到一個能夠展示自己能力的位置上。

唐宋八大家的韓愈，在成名之前，曾積極地尋找過很多出仕的機會。他既寫信拜會宰相，也寫過信給襄陽大都督請求引薦。這些干謁之詞，最終成為千古名篇。

每個希望在某個領域有所成就的人，都應該積極尋找成功的辦法，而尋找自己的貴人，無疑是快速獲得成功的一種方法。但貴人不會時刻在我們身邊等待我們，而要靠我們自己去尋找，自己去接近。

伯樂為什麼要幫助你？一個人不會無緣無故地幫助另一個人。伯樂不會無緣無故地賞識和重用你，你必須讓身邊的伯樂看到自己的能力，他才可能賞識、器重以及幫助你。所以，想要得到伯樂的幫助，你就要證明自己的價值，證明自己值得被幫助。

當然，也有一些人遇到伯樂完全是因為機緣。如果你能夠秉著善良的原則做事，或許在幫助別人的同時，別人也會心存感激，而成為你的伯樂，反過來幫助你。

尋找自己的伯樂並非一件容易的事。

你可以盡力展現自我，在公眾場合表現自己與眾不同的能力，以期被伯樂看見，知道你的存在，意識到你或許也可以幫助他。現實社會中，你有很多可以表現自己的機會。比方說，爭取公開演講的機會；主動投入公司的新計畫；當人們遇到瓶頸時，你想出一個能夠幫上忙的解決方式；當決策者有疏失時，你能夠堅決地指出。

然而說到底，這些展現的機會都有個共同的前提，那就是善盡本分，自助天助。

選擇你所喜歡的，喜歡你所選擇的

選擇，是一個遠古以來就爭論不斷的課題。

但是大多數的專家學者都同意，一個人應該根據自己的愛好去選擇自己的學業和職業。只是，當你做出了選擇，你就必須犧牲另一些東西。比方說，當你選擇成為網球選手，就不該哀嘆必須被一些最基本、枯燥、乏味的技巧折磨。你得繼續堅持下去，繼續喜歡它，絕不放棄。

學樂器的人都知道，那些枯燥的音符與單調的技巧訓練會把人逼瘋；學繪畫的人也知道，最初的素描練習、光和影的揣摩是最讓人不耐煩的。很多人都有過退縮的念頭，但只有保持原始的熱情，不斷堅持的人才可能達成夢想。

喜歡你的選擇。

一旦你確定了自己的熱情所在，就要不斷地堅持下去。這同時也是在考驗你的忍耐力和智慧。文化大革命時期，有位音樂系的教授被派去農場鍘草，和他同時去的老教授們有的不久即病逝，有的憤而自殺，只有他堅持到文化大革命結束，並且回到講堂上。在新的講堂上，他的技藝非但沒有退步，反而有很大的提升。

學生們問他有什麼秘訣，他回答道：「因為我在農場鍘草的時候，都是按照4／4拍的節拍進行鍘草。」

老教授在沒有選擇餘地的時候，都能夠找出新工作的熱情所在，更何況我們多數人都有選擇自己職業的權力？我們更有理由不斷地去挖掘工作裡的新趣味，去克服那些在實踐夢想的過程裡，必定會有的枯燥無聊。

你懷有夢想，但你也一定有厭倦自己的選擇的時候，此時最重要的就是重新找到自己選擇它的理由，不要讓厭倦情緒毀掉自己多年的熱情。這就是對待夢想應該有的積極態度——永遠熱愛你的夢想，充滿熱情地去實踐，你就會發現自己無所不能，無論什麼樣的困難都不能阻擋你。

水到渠成，不可急於求成

順其自然，並不是一種消極避世的生活態度，而是要一個人站在更高層次來俯視生活。

孔子有言：「無欲速，無見小利。欲速，則不達，見小利，則大事不成。」真正能成大事者，都有一個特點，那就是有十足的定力，遇事不慌不亂，這也是一種智慧的胸襟。人要學會用長遠的眼光看問題，不僅要看到眼前的得失，更要著眼於未來。只有凡事不急於求成，才能真正有所成就。

上帝的延遲，並不是上帝的拒絕

一日，農場主人在巡視穀倉時，不慎將一隻名貴的手錶遺失在穀倉裡。

他四處翻找，都沒見到手錶的下落，於是就在農場的門口貼了一張告示：「如果有人能夠幫忙找到手錶，獎勵三萬元。」

因為賞金的誘惑，人們賣力地四處尋找，但穀倉裡的谷粒成山，還有成捆的稻草，要想在其中找尋一塊手錶如同大海撈針。人們忙到太陽下山，仍然沒有找到，於是他們開始抱怨。一會兒抱怨手錶太小，一會兒又抱怨穀倉太大、稻草太多，最後他們相繼放棄了三萬元的賞金。但是在眾人離開之後，有個窮人家的小孩仍不死心地努力尋找，他已整整一天沒有吃飯，希望自己在天黑之前找到手錶，解決一家人的困境。

天越來越黑。

當穀倉因為人們的離開而安靜下來之後，他聽見了滴答、滴答的聲音。小孩放輕動作，穀倉內的滴答聲更加清晰。小孩尋聲找到了手錶，最終拿到了賞金。

青春詩歌

如果冬天來了，春天還會遠嗎？

If Winter comes, can Spring be far behind?

——雪萊（Percy Bysshe Shelley）《西風》

成功就如同穀倉內的手錶，早已存在於我們的周圍，散佈於人生的每個角落，只要執著地去尋找，專注而冷靜地思考，我們就會聽到那清晰的滴答聲。

根據一項心理學統計，普通人最高可以忍受被拒絕與失敗三次，但是一個成功的人，他卻可以忍受無數次的失敗。

只要功夫深，鐵杵磨成針。

執著是人類共同的導師。但是執著不等於一味地埋頭苦幹，而是堅持目標，但是隨機應變。這就是實現夢想的不二法則。多數人光有夢想，卻不對夢想執著，因為遲遲無法達成夢想而堅持不下去，於是就成了夢想門前的過客。

林肯（Abraham Lincoln）堅信：「上帝的延遲，並不是上帝的拒絕。」

夢想的實踐，本就是屢敗屢戰，然後從每一次的失敗中尋找不足，把每一次的失敗經驗當成自己逐步接近夢想的資本。請你視失敗為寶貴的人生體驗，你會發現每個傷痛、每個打擊都有其意義。

心急吃不了熱豆腐

心急吃不了熱豆腐，是指做事不可以急於求成，因為一個人只有踏實做事，才能夠水到渠成。

確實，總是想著成功的人，往往很難成功；太想取得勝利之人，往往不容易贏。相反的，以淡定的心態對之、處之、行之，採取持之以恆的姿態做事、努力進取，成功的概率就會大大增加。

一日，有位渴望出人頭地的少年決定拜劍術高人為師。

他問師父多久才能學成劍術，師父回答道：「十年。」

少年又問，如果他全力以赴，夜以繼日要多久？

師父回答：「那得要花三十年。」

少年還不死心，再問如果他拼命修練要多久？

師父回答：「七十年。」

其實看到這裡，多數人都明白了。少年若想學成劍術並非真的得花費七十年，他的師父之所以如此回答，是因為看到了少年急於求成的心態。師父知道，如果少年不惜一切想**盡快**完成修練，缺乏平常心，那麼他勢必會以失敗告終。

正如揠苗助長，愚蠢之極。

植物的成長都有其應經歷的過程，它需要我們每天辛勤地澆灌、耕耘，才能獲得成果。每一個生命的成長也如此，任何一種本領與人生目標的達成，亦不是一蹴可幾。一個人做任何事情都不可以違背規律，否則就會欲速則不達，連最簡單、最熟悉的小事都辦不好。

強扭的瓜不甜，強求的事難成。
以淡定的心態面對，卻往往會水到渠成。

急功近利的思想要不得，凡事都必須先深思熟慮，再做出行動。否則，你會發現自己多數時只是在瞎忙，非但收不到成效，還會平添許多煩惱。你要告訴自己，耐心地遵循事物的客觀規律，利用靜待時機的空檔多多思考，日後就會獲得事半功倍的效果。

心若不死，夢永遠都在

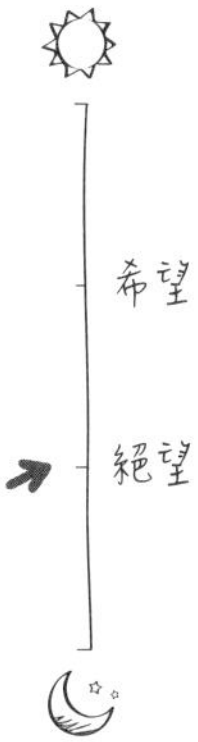

高中二年級那一年，我跟朋友相偕去外頭的語言中心學習法語。

在語言中心的櫃檯報名時，來了一位和藹可親的老奶奶。

櫃檯的接待小姐問她：「您是來替孩子報名的嗎？」

老奶奶回答道：「不是，是我要報名學法語。」

見接待小姐有點反應不過來，老奶奶解釋道：「我孩子取了一個法國籍的妻子，他們每次回來，說話嘰哩咕嚕的，我都聽不懂。所以想來學習，好跟他們交流。」

「您今年高壽？」接待小姐問。

「六十八。」

「老奶奶，您想聽懂他們說的話，最少要學兩年。可是兩年後您都七十歲了。」

老奶奶笑吟吟地反問：「小姐，你以為我如果現在不學法語，兩年後就六十六了嗎？」

老奶奶學與不學，歲月終將流逝，然而能夠開心地和媳婦交流，卻可以讓她更加快樂。事情往往如此，大家總以為開始得太晚，因此選擇放棄。殊不知，只要開始，就永遠不晚。無論是二十幾歲的年輕人，抑或是遲暮的老人，都是按照歲月的規則在前行，不同的只是，有的人主動站起來朝自己的目標走，而有的人只是木然地坐著，不知道自己想要怎樣的人生。

這就是有的人年紀輕輕就可以取得大豐收，有的人活了一輩子卻一無所獲的原因：不曾開始，便永遠不會成功。

青春詩歌

森林幽暗又深邃／但我有諾言必須履踐
前路還長不能眠／前路還長不能眠

The woods are lovely, dark, and deep. But I have promises to keep, and miles to go before I sleep, and miles to go before I sleep.

——羅伯．佛洛斯特（Robert Frost）《雪夜駐林歇馬》

只要勇於開始，永遠都不晚

曾經看到這樣的一個故事。

哈里退休以後，常去一家老人俱樂部下棋，消磨晚年時光。一日，他又去下棋，但是俱樂部的接待員告訴哈里，他的那位棋友因身體不適，不能前來陪他下棋。看到哈里失望的神情，熱情接待員建議他到畫室去轉一圈，如果有興趣可以試畫幾下。

哈里聽了哈哈大笑，說道：「你說什麼？讓我作畫？我從來都沒有提過畫筆。」

然而在接待員的堅持下，哈里還是走去畫室。那一年，哈里八十歲，第一次擺弄畫筆和顏料。回憶這件事的時候，哈里感慨地說：「是這位接待員鼓舞了我，退休後的那六年，是我一生中最憂鬱的時光，沒有什麼比漸漸走向墳墓更令人煩惱的事了。但從那次以後，我每天都去畫室，重新找到了生活的樂趣。」

哈里全心全意地投入，八十一歲那年，他到一所學校報名為期十周的繪畫課，第一次學習繪畫知識。第三周的課程結束後，哈里對任課老師抱怨道：「你都會給予每個人意見，但為什麼對我的畫隻字不提？」

老師回答：「老先生，因為你所畫的一切，連我都做不到，我怎麼敢妄加指點呢？」最後，他甚至還出錢買下了哈里的一幅作品。

從此，哈里更加勤奮了，他對繪畫傾注了全部的熱情。四年後，哈里的作品先後被一些博物館和收藏家收藏。在哈里一百零一歲的這年，洛杉磯一家頗有名望的畫廊為他舉辦了畫展，有四百多人來參加開幕式。

面對評論家和記者，哈里說道：「我並不認為我有一百零一歲的年紀，而是認為我有一百零一歲的成熟。我要向那些到了六十、七十、八十或九十歲就自認為上了年紀的人證明，這不是生活的暮年。不要總想著還能活幾年，而要想著還能做些什麼，這才是生活。」

你常常在想，有一天要去做什麼、學什麼，可是始終沒有開始，總是覺得好像已經來不及了。但其實不是你沒有能力，而是你的藉口太多。

《戰國策．楚策四》有言：「亡羊而補牢，未為遲也。」

好不容易到現世走一遭，可以學會些什麼、擁有些什麼或追求些什麼，都是難得可貴的事情，所以我們千萬不要畫地自限。任何事情只要你開始去做，永遠都不會太遲，不管成敗與否，至少對自己有個交代，努力過了便沒有遺憾。

心若在，夢想就永遠存在

在不斷求索的過程中，因為你的心態青春，你懷有希望，失敗就不會成為一件可怕的事情。青春沒有失敗，失敗了就從頭再來。但如果你在失敗後不敢再次嘗試、因為苦難中而變得軟弱、你心甘情願地停留在現有的狀態，平淡的生活就會磨去你對美好生活的嚮往。

從前，在一座高山上的古廟裡，住著一位人人敬仰的智者。

一日，一個年輕人因為在追求夢想的道路上屢屢失意，所以艱難地爬上山來，想向智者詢問成功的秘訣。智者遞給他一粒帶殼的花生，說道：「來吧，用力捏碎它。」

年輕人只稍稍用了一點力，就把花生捏開了，飽滿圓潤的花生仁一下子蹦了出來。但智者只是微微一笑，叫他再用力去搓花生仁。

年輕人也照著辦了，搓下紅色的花生皮，留下白白的花生仁。

智者又叫他用力去捏它。

雖然年輕人感到迷惑不解，卻還是照著做了。但無論他用力，卻怎麼也捏不碎這粒花生仁。這個時候，智者才語重心長地告訴年輕人：「雖然屢屢遭受打擊與磨難，也失去了很多東西，但始終擁有一顆堅強不屈的心，這樣才會有美夢成真的希望。」

失敗和挫折是鑄造強者的最好的磨具。只有經歷過不幸、挫折、失敗和痛苦的磨練，努力打造心靈的韌度，把不幸和命運掌握在自己手中，才能在生活中做到寵辱不驚、鎮定自若，在面對突發情況時臨危不懼、冷靜處之；才能使自己始終保持積極而平和的心態，不偏不倚、不疾不緩地朝著既定目標前行。

生命如此短暫，你甘心讓它在無所作為中消逝嗎？充分地肯定自己，擁有一顆堅強的心，擁有對成功的強烈渴望，跌倒時不沮喪，失敗時不氣餒，你很快就會迎來明媚的彩虹。

青春痘測驗

你擁有怎樣的財富價值觀

我們並非是見錢眼開的勢力份子，不過金錢的力量確實不可小覷，從彩券行是開了一家又一家就可見一斑。既然柴米油鹽醬醋茶都跟錢脫不了關係，我們不妨現在就來好好檢視自己的財富價值觀，並即時調整，讓餘生能夠過得順心順意。

❶ 每逢過年，你就一定會買彩券嗎？

是（前往第2題）

不是（前往第3題）

❷ 你並沒有長期的金錢規劃，錢用多少就是多少？

是的（前往第3題）

不是（前往第4題）

❸你時常丟三落四，找不到自己的東西？

是的（前往第4題）

不是（前往第5題）

❹你喜歡追求刺激，而不懂得珍惜平穩的感情？

是的（前往第5題）

不是（前往第6題）

❺你的情緒易受到他人的態度影響？

不是（前往第7題）

是的（前往第6題）

❻雖然有時候看起來很成熟，但其實幼稚才是你的本色？

是的（前往第7題）

不是（前往第8題）

❼即使只是小恩小惠，你也會湧泉相報？

是的（前往第9題）

不是（前往第10題）

❽你有一條底線，絕不會為錢做傷天害理的事？

是的（前往第9題）

不是（前往第10題）

❾日常生活中，你最看不起「工具人」？

是的→A

不是→B

❿ 你非常在乎他人對你的觀感，會因為被人討厭而憤怒？

是的→C

不是→D

測試結果分析：

選Ⓐ的人

你常常在不知不覺中就將錢財揮霍掉了。多數時是因為你潛藏的虛榮心，認為自己「值得」擁有更美好的生活，所以即便東西貴了點，你還是照買不誤。建議你辦理定期存款，以外力約束自己亂花錢的習慣。

選Ⓑ的人

你擁有正確的金錢價值觀，也會將閒錢拿去投資，並不會瘋狂地追求物質生活。因為在你看來，世界上還有比錢更重要的東西，比方說：理想與家庭。所以為了更遠的未來，你會省吃儉用。這是個良好的習慣。但有時不妨好好犒賞自己，欲望才不會因為積壓過久而一次爆發，反而花費更多的錢財。

選Ⓒ的人

你常常有一鳴驚人的作為，你會將儲蓄已久的錢，都用在一件事情上，而這件事情通常是曠古絕今。舉例來說，你可能會一口氣把存款捐掉，或是創業。然而，有時候你的錢財不只是「你的」，你也要多多顧慮家人的感受，才不會讓人覺得你的財富計畫裡沒有他的存在。

選Ⓓ的人

別人怎麼看你，你都完全無所謂，所以即使被人挖苦為守財奴你也完全不介意。你很愛財，但不會掙黑心錢。這倒不是因為你有良心，而是因為你的個性膽小。建議你拿到一筆錢財之後，就立刻妥善規劃它，以錢滾錢。

差一點錯過的夢想

你的夢想是什麼？

你現階段為了夢想付出多少？

青春私房話 5

自由，是無我也無他

Freedom

煩惱，是人之常情，無法避免，

但一個人怎麼對待煩惱，煩惱對他的影響也就不同。

多愁善感之人對事對物是牽腸掛肚，捨不得、放不掉，

所以活得輕鬆難，活得瀟灑難。

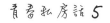

幸虧這個世界不公平

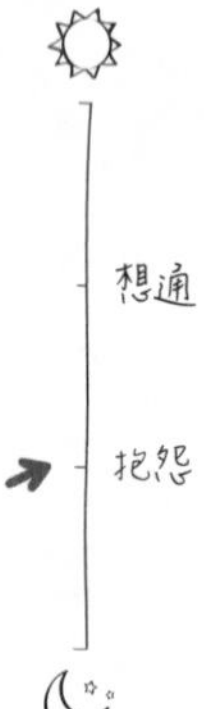

這個世界上，沒有絕對的公平。

當你抱怨這個世界如何如何的時候，應該想到，幸虧這個世界沒有更糟、幸虧自己沒處在更糟的位置。一個懂得感恩的人，會把所有的精力都放在感謝這個世界上，並做出更大的貢獻來回報世界；他會絞盡腦汁地去改變自己的處境，以及思索怎樣才能使這個世界和自己的人生變得更好。

埋怨不是力量，它只會製造毀滅性的後果。

不要埋怨你的父母沒有能耐，他們賦予你的生命已是最大的恩賜；不要抱怨這個世界不公平，它允許你生活在這個世界上已是最大的寬容。能生活在這個世界上，就是人生最大的幸福，不珍惜眼前的幸福而胡亂埋怨，才是對生命最大的浪費。

沒有絕對的公平，是最公平的一件事

每個月的五號，是公司發薪水的日子。這一天，好多人都發現帳戶裡的薪資多了五百塊錢。

人們尋思，也許是自己計算錯誤，說不定是因為某天加班，但自己卻不記得了。會計怎麼可能算錯賬呢？於是也沒把這件事放在心上。

第二個月的發薪日，有人發現自己的薪水少了七十幾塊錢，於是開始議論紛紛，結果卻得知其實大家的薪資都不對。人們又想：如果只有一個人的薪水不對就算了，怎麼可能大家的薪資都出錯呢？這中間肯定出了什麼問題。

眾人商量後，決定派代表去向老闆反映這件事。

老闆走出辦公室，嚴肅地看著員工們說道：「你們是因為薪水的數目不對才來找我抱怨，還是因為薪資少了才來找我的？」

青春詩歌

昔日屬於死神，未來屬於你自己。

The past is Death's, the future is thine own.

——雪萊（Percy Bysshe Shelley）《伊斯蘭的反叛》

沒有人吭聲。

「如果是前者，那麼上個月每個人的薪資都增加了，為什麼就沒有人跑來問我呢？」老闆繼續說，「我會將這個月的薪資差額補發給你們，可是我希望你們別再自己騙自己，你們在意的不是公司待你們是否公平合理，而是有沒有虧待你們。你們會迅速忘掉自己得到的好處，只記得眼前的艱難處境。如果繼續這樣下去，你們一輩子就是如此而已。」

你覺得這個世界不公平、這個世界太黑暗、人性太複雜了。然而，你所追求的公平，真的就是公平嗎？如果這個世界是公平的，你是否就真能滿意？

請你針對這兩個問題捫心自問，也許你就會發現，你在意的從來就不是這個世界是否公平，而是你在這個不公平的世界中，處在弱勢的一方。如果給自己換一個位置，比如你是個富二代，你可能就會感嘆幸虧這個世界是不公平的。

幸虧這個世界不公平，否則生命將變得瘋狂，每個人擁有同樣的身高、同樣的優勢，你與我沒什麼不同。

抱怨，是在空耗你的人生

日常生活中，你常常聽到身邊的人這麼抱怨——

累死了，天天都有做不完的活，連喘口氣的機會都沒有。

看看我們公司的那群人，素質真讓人無言以對。

我老公／老婆一天到晚只知道加班，連結婚紀念日都忘記了。

我怎麼就生了個這麼笨的兒子／女兒，做事從來不用腦子。

……

抱怨彷彿瘟疫，在你的周圍蔓延，愈演愈烈。他們好像從來沒有順心的時候，總是將高興的事情拋在腦後，不順心的事情掛在嘴邊。因為抱怨，他們不僅把自己搞得很焦躁，也害他人很不安。

有一則關於蘇俄畫家列賓（Ilya Yefimovich Repin）的軼事。

下雪後的一日，列賓和他的朋友相偕去散步。朋友瞥見路邊有一灘污漬，顯然是狗留下來的尿跡，於是就用靴尖挑起雪和泥土將它覆蓋住。

沒想到，列賓發現時卻十分生氣。他說道：「幾天來我總是到這裡欣賞這美麗的琥珀色，而你現在卻把它抹掉了。」

其實很多時候，你不如意的生活就像那灘小狗的尿跡，它是污漬，還是美麗的琥珀色，都取決於你的心態。舉例來說，起床的時間晚了，有人會想：「家人為什麼不喊我一聲？真沒良心。」有人會想：「也許他們是想讓我多睡一會兒。」

走路時與人們擦肩相撞，有人會想：「這麼大個兒的人都看不見，有沒有長眼睛啊。」有人會想：「他肯定有急事，也怪我自己沒注意。」

同事臭著一張臉迎面走來，有人會想：「他是不是對我有意見？哼，我才懶得理他呢。」有的人會想：「他不曉得有什麼心事，才沒留意到我。」

辛辛苦苦完成一件工作，滿心以為會得到主管的誇讚，但誰知道對方連高興地點點頭都沒有，有人會想：「真是倒楣，遇到這樣的主管，我看我是沒有出頭之日了。」有人會想：「也是，這本就是我分內的事。」

每個人的生活都累，但當你只看得到自己的付出而忽略自己的收穫時，是累上加累。因為抱怨會破壞你潛意識裡積極的部分，害你浪費大把的時間。你可能有過這樣的體會，只要你腦中有一絲抱怨的意識，你手頭上的工作就會不由自主地慢下來，然後開始為自己抱不平，甚至討公道，使你的工作與生活都受到了影響。

世界上沒有完美、真正讓人滿意的生活，但你會發現，只要你養成抱怨的習慣，你就彷彿住進了牢籠，處處不順，時時不滿。這種搬石頭砸自個兒腳的事，與人無益，於己不利。

生活是你的朋友，不是你的敵人。

不要抱怨你的情人窮或是醜，不要抱怨你沒有一個富爸爸，不要抱怨的你工作差勁，不要抱怨你空懷一身絕技卻無人賞識，不要抱怨你的老闆不近人情，不要抱怨你的同事素質低下。把抱怨的時間拿來充實內在，用行動來證明自己。雖然現實有太多的不如意，就算生活給你的是垃圾，你同樣能把垃圾踩在腳底下，登上世界巔峰。

把自己看太重，所以不會飛

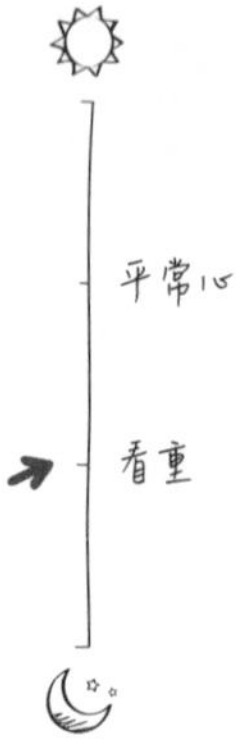

不要將自己看得過重，無論是你的成就，還是你的過失。

當你不小心搞砸一個佳機時，你是不是會反復向周遭人解釋原因？當你做了一件自以為對不起別人的事情時，是不是會試圖拼命地解釋清楚，直到對方不耐煩為止？當你決定一件事時，是不是會反復徵求他人的意見，即使對方早已給出建議？

當你這麼做的時候，請你提醒自己——沒有人會比你更重視你自己。

在你的小世界裡無比重大的事情，對別人來說，不過是調味劑。如果你在馬路上不小心摔了一跤，大家可能會圍觀、笑話你，然而他們隨後就去忙他們自己的事情了，早已忘記這檔事。只有你還在懊惱自己太不小心了，覺得羞憤欲死。

其實，這完全沒有必要。

沒有人會比你更重視你自己

日常生活中，你無須對別人的反應過於敏感，你要有自己的主張，要有平和的心態。

每個人都希望別人很在乎自己，都希望自己很重要。但事實是，無論少了誰，地球照樣運轉；生活中失去了誰，人們都同樣得生活。了解這一點，對你而言十分重要，因為如果你把自己看得太過重要，過於以自我為中心，就會把別人對你的一點點不公平擴大化，你就總會覺得自己受委屈、受屈辱，最後自怨自艾，甚至憤世嫉俗。

小昌跟幾個好朋友同租一層樓。

這天他想要惡作劇，於是找了個地方藏起來，打算讓

青春詩歌

很深的聲音是聽不見的，
但只要你在聽，你就是音樂。

music heard so deeply
That it is not heard at all, but you are the music
While the music lasts.

——艾略特（T. S. Eliot）《四個四重奏》

大家因為找不到他而忙得焦頭爛額，最後再突然跳出來，嚇大家一跳。可是室友們先是各自做自己的事，然後又嘻嘻哈哈地出門用餐，根本就沒有人注意他不見了。

他覺得非常沮喪，原來自己之於他人，是如此微不足道。然而，不久後他就發現，自己與大家其實沒什麼不同，他也常常沒有注意到誰是否在現場。

可見，每個人最重視的就是自己，接著才是自己最親密的人，最後才是和自己沒有多大關係的人。雖然有些人會留意周遭人的感受，但沒有一個人會將他人的感受放在自己的之前。你今天講了一個笑話，聽眾反應平平，說不定是因為他們各自想著自己的傷心事，顧不得開玩笑；你今天出了個大醜，覺得沒臉見人了，說不定大家早已經忘記了，至少這沒有他們自己的生活重要。

一個人重不重要，不該是由別人替他決定；一個人是否受重視，是由他的自身價值所決定。一旦你明白了這一點，你就懂得主動展現自己、知道該從何著手提升自我的價值，從而站在更高的層次思考，而不會糾結於自己是否受到人們重視，是否具備足夠的重要性，是否能夠被人們認同。

不比較，掌握生活平衡術

一日，一位自以為才高八斗的窮酸詩人乘船過江。

當船划到江的三分之一處時，這位詩人突然詩興大發，面對滔滔江水吟起詩來。幾首過後甚覺無趣，因為沒有人能夠欣賞他的詩。於是他問船夫：「船夫，你懂不懂得詩詞之美啊？」

船夫搖搖頭說：「我哪懂得詩啊，我只會划船。」

窮酸詩人嘆氣道：「唉，連詩歌都不懂，你真是是個大老粗。」

船夫對這句隱含歧視的話聽而無聞。

船行到江中間的時候，窮酸詩人拿出一隻笛子開始吹奏，陶醉在旋律之中。一曲奏畢，窮酸詩人又問船夫：「船夫，你不懂得欣賞詩句，那你總該懂得欣賞絲竹之美吧？」

船夫搖搖頭說：「我哪懂得音樂，我只會划船。」

窮酸詩人更加不屑地說：「不懂得欣賞音樂，你的生活真是枯燥乏味，活著還有什麼意思啊。」

突然間，天空烏雲密布，滂沱大雨急下，江水暴漲，眼看就要把船給打翻了。船夫跑到船頭準備跳下水時，回頭問窮酸詩人：「先生，你會不會游泳呢？」

窮酸詩人說：「我這一生飽讀詩書、譜曲作樂，哪有時間學習游泳呢？」

船夫說：「那真是抱歉了。雖然我不懂詩書和音樂，我不覺得自己的人生缺少快樂，但你此時不懂游泳，恐怕就將失去餘生。」

說完，船夫就跳進了江裡。

不隨意貶低別人，也不因為別人的才學而感到自卑，這就是詩人做不到，船夫卻心領神會的地方。當你一味地想要表現自己、誇耀自己的同時，你的心就已經失去平衡；當你開始傷害別人，最終很可能也會傷害自己。無人能夠得到世間所有的美好，能夠自由掌控自己，把握自己心態的人，最終才最易獲得幸福。

每個人的心中都存有相互攀比的心理，即使你擁有豁達的胸懷，只要你是一個積極進取的人，這種好勝之心就會讓你在跟別人的比較中，或多或少地失去平穩的心態，失去本來的自我。在這個浮躁的社會中，能夠把握好自己心態的人，不會在乎他人的財富勝我多少、才氣高我幾許，因為他知道，人與人不僅僅有差別，有時還是天壤之別。

人比人，氣死人。

每個人的成長環境不同、天資不同，用自己的強項和別人的弱項比，頓感優越十足；而看到別人的某個方面比自己強，自己無法企及，就失魂落魄、垂頭喪氣，這樣人未免活得太累了。一個人心裡的平衡就這樣輕易地被打破，哪還有安寧和快樂可言？

別把世事看得太複雜

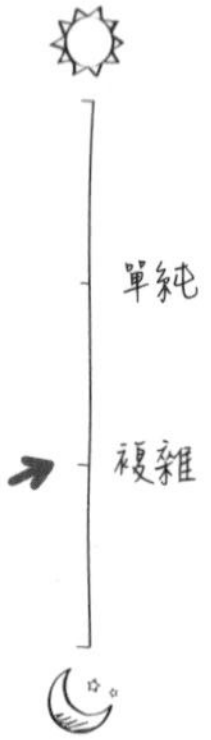

我們常常把簡單的事情想得複雜了，又把複雜的事情想得簡單了。

一日，小雯想將商品拿去商場退貨，退貨之前，她先自己演練了一番。如果店員願意讓她退，她該怎麼辦；如果不讓她退，她又該怎麼辦。接著小雯繼續琢磨，她是用文雅的態度對待店員，還是用蠻橫的態度對待店員，或者是先禮後兵？

豈料，待小雯到現場時，店員二話不說就讓她退貨，讓小雯直呼，自己真是想多了。

許多人就是這樣，行動之前先想後果，然後再戰戰兢兢地去做事；一件事情發生之後，他們總是不肯輕易放過，而定要在心裡琢磨好幾遍，猜測誰是真心待自己好、誰是笑裡藏刀。因此，他們為人處事，每每是前思後想、瞻前顧後。

思考縝密與處事委婉是值得鼓勵的好事，但因此而情緒糾結、陷入過於繁冗的事務中，那麼對我們來說，反是百害而無一利。

化繁為簡，是本事

在古希臘的弗裡吉亞王國，葛第士，曾以非常奇妙的方法打了一串結，並預言：「誰能夠解開這個結，誰就可以征服世界。」

但是一直都沒有人找到解開這串結的方法。直到亞歷山大（Alexander the Great）率軍入侵小亞細亞，他走到「葛第士繩結」前，不加思索地拔劍砍斷了它。後來，亞歷山大果然一舉佔領了比希臘大上幾十倍的波斯帝國。

亞歷山大捨棄傳統思維，果斷地砍斷繩結，就是以最

青春詩歌

那些把燈背在背上的人
把他們的影子投到了自己面前。

They throw their shadows before them
who carry their lantern on their back.

——泰戈爾（Rabindranath Tagore）《飛鳥集》

快且簡單的方式解決問題。

宋太祖趙匡胤，也用過此招。

建國之初，其他國家派遣使臣前來祝賀。但是這位使臣學富五車、才思敏捷，所以沒有人敢接待這位使臣，唯恐自己被嘲笑，或者在言談的過程中被套話，洩露了國家機密。得知此事後，趙匡胤問大家，哪幾個大臣不識字，比較愚鈍？

公卿大臣們舉薦了幾位符合的人選後，趙匡胤就下令，由他們去接見這位使臣。

縱然那位使臣口齒伶俐，但無論他說些什麼，這幾個大臣只會微笑、點頭應是。使臣甚至對他們使出激將法，還是一點效果也沒有。最後使臣完全沒有打探到任何消息，只好灰頭土臉地返回自己的國家。

把簡單弄複雜，是找事；
把複雜弄簡單，是本事。

多數時候，你生活與工作中的煩惱都是自找而來的，如果不是你思而再思，也許就不會時常感到憤懣不平。那麼，該如何將事情化繁為簡呢？

人性也許是複雜的，但歸結起來不過是「趨利避害」四個字。如果你為人處事時，能夠先從這個角度切入思考，你會發現任何事情都會變得簡單，那些你以為麻煩的事，其實沒那麼難。

恐懼源於想像，折磨來自內心

折磨分為兩層面，一是肉體與心靈實際受到的折磨，二是內心對於這種折磨的感知程度。我們內心裡的那些屈辱、恐懼與絕望，就是放大鏡，它將我們實際受到的折磨無限擴大，直到我們覺得自己真的無法再承受。

但我的意思並不是要你麻木無知，而是要你鍛煉自己的**心緒承受力**。

俗諺有言：「心底無私天地寬。」面對折磨，你更要有寬廣的心胸，客觀地看待它，知曉它是每個人生命中必定經歷的、不可缺少的存在。當你坦然地接受它，心裡裝的不再僅是個人的利弊得失，而是著眼於眾生的磨難，那麼你就會意識到自己的磨難只不過是過眼雲煙罷了。

此外，還要有**堅強的意志**。

孟子有言：「天將降大任於斯人也，必先苦其心志，勞其筋骨，餓其體膚，空乏其身。」老天折磨你，正是要降你以大任。如果你現在能夠保持樂觀的心境，磨練出更加堅強的意志，那麼之後面對萬事萬物，你就可以從容淡定，沉著應對。

最後，無論何時都要**心存希望**。

南非總統曼德拉（Nelson Rolihlahla Mandela）經歷過十八年的牢獄之災。那時他每天都要在採石場做苦工，在持槍獄警的監督下拼命地搬運石頭，動作稍慢，就有被毒打的危險，一旦踏出採石場的邊界，就會被無情射殺。

然而，在這樣殘酷的情況下，他卻向典獄長提出了一個要求，他想在監獄的院子裡開闢一片菜園。遭遇了無數次的否決，曼德拉終於在五年之後實現了願望。而正是那一片菜園以及菜園中的番茄，點燃他和其他囚犯對生命的希望，使得囚犯和獄警們的關係變得越來越和諧。

一顆樂觀、充滿希望的心靈，讓人們即使身處於磨難重重的人間地獄，也能夠開墾出美麗的伊甸園；當人們對未來存有希望，便能對苦難甘之如飴。所以人生最大的磨難，不是生活怎樣地刁難你、束縛你，而是你的內心怎樣地對待它。

只要你別再放任狹隘的心靈折磨自己，別再屈服於軟弱的意志，只要你擁有廣闊、堅強的內心，你就能夠擺脫世俗的苦難，迎向自由自在的人生，將地獄變成天堂。

放下，就是成全自己

人生於世，總有許多執念，許多萬不得已。很多時候，我們都會陷入一種想不開、想不通的狀態，非要自己跟自己激辯一番，才肯放過自己。而正是這種左右躊躇不定的心態，為我們的人生帶來了無限的痛苦。

但世界上沒有什麼是過不去的。如果我們不偏執，自然而然地去做事，對於人生未嘗不是一種成全。

正如俗諺所言：「有心栽花花不開，無心插柳柳成蔭。」

倘若你明明栽不活花，卻偏偏勉強自己去栽花，那活得未免太累了。不如放開自己，去做一些想做的事情吧。

結廬在人境，而無車馬喧。問君何能爾，心遠地自偏。

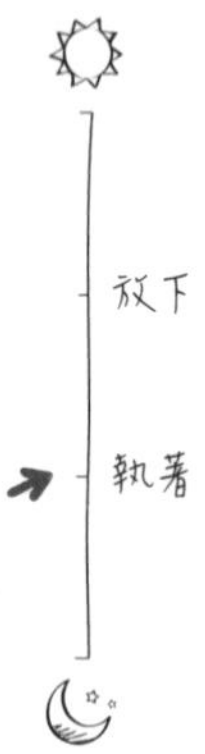

平凡的快樂

對人生來說，沒有橫跨兩端的路。

如果你希望自己能有一番大作為，那就要狠下心對自己，別怕吃苦，無懼風險，不畏失敗；如果不想活得那麼累，那就要甘於做一個平凡人，雖然日子可能比較清貧，但只要細細品味，也有一種難以言喻的快樂。

可是絕大多數的人卻將自己放置在狀態不明的尷尬境地，他們既狠不下心吃苦，又不甘於平凡，於是他們成天怨天尤人，做些毫無意義的事。他們一邊斤斤計較地計算自己的付出與回報是否成正比，一邊又不甘於現狀而掙扎努力，於是很可能落得這樣的下場——付出了艱辛，卻一無所得。

與其這樣一邊努力著，一邊不甘著，兩頭都虧，倒不如乾脆放下，放下對兩邊的執念，自然地去生活，自然地

青春詩歌

我們稱它為一粒沙，但它既不自稱為粒，也不自稱為沙。
沒有名字，它照樣過得很好，不管是一般的，獨特的，
永久的，短暫的，謬誤的，或貼切的名字。

We call it a grain of sand but it calls itself neither grain nor sand.
It does just fine without a name, whether general, particular,
permanent, passing, incorrect or apt.

——辛波絲卡（Wislawa Szymborska）《一粒沙看世界》

過下去。

《哈利波特》的作者J．K羅琳雖然期待自己的小說能夠出版，但她沒有心思幻想自己會一朝成名，沒有想過自己會因為一部作品而名利雙收。她不過就是要求自己每天都過得踏踏實實，每天做自己喜歡做的事而已。

放下名利心，放下你對自己的期待，放下周圍人對你的評價。可是這並不意味著你將一無所得，你會發現，如果你甘願做一個小人物，不求聞達於天下，只做自己的事，充實自己的人生，你會感到非常輕鬆，那種為事物所累的沉重不知不覺地從心頭卸下，你能夠從從容容地做人做事。

更甚者，當你更願意埋首手邊的事物、不屑於看別人的臉色，你做事情也更容易成功。這大概就是一種成熟的狀態，而且這種狀態帶給你的豐厚收穫是難以預料的。但無論伴隨它而來的是怎樣的驚喜，你都能因此成全屬於你的幸福日子，人生沒有遺憾。

可以追尋美好的生活，而不可自找麻煩

日常生活中，每個人都會被一些煩惱困擾著，但事實上，這些煩惱大多都是我們自

找的，其中有些問題其實根本不是煩惱。舉個很簡單的例子，那就是死亡的問題。有人日日夜夜擔心自己有朝一日會死，使自己的生活焦慮不安。但生死本就是世間常事，是躲不了、避不開的，所以它不問題。真正的問題是可以解決的，真正的問題是，人們要怎樣才能健健康康地走完一生。只要我們認知到這個事實，我們就不難發現，當我們在為種種苦惱之事而感到失落，甚至掉淚時，其實快樂就在我們身邊。

心理研究認為，一個人若有以下心理或做法，必定會促使其自尋煩惱、無事生非：

一、總是歸咎於自己

你常常認為「人們之所以不喜歡你，是你的問題」、「被人們批評，也是你自己的錯」，這種將消極原因都歸結於自己的做法，當然要不了多久，你就會煩惱成疾。

二、喜歡做白日夢

最可憐、可悲的人莫過於那些總是做白日夢的人，如果你不重新調整你的目標，那麼，那些無法實現的目標自然同樣會讓你煩惱不斷。

三、緊盯著消極的一面

請不要總是把目光放在你曾經遭受到的待遇上，也不要常常去計算自己吃了幾次虧，如果你這樣做，你就會運用這種消極的思想來為自己製造煩惱。

四、製造隔閡

你從未讚美過他人。在一個團體中也總是在挑人毛病、埋怨，而且喜歡與人爭論，這確實是製造隔閡與自尋煩惱的好方法。

五、你有拖延的惡習

一旦問題出現，你就應該要馬上解決，因為當下就去面對它，事情往往容易化解。不過如果你採取拖延的態度，那麼問題就會像滾雪球一般，越滾越大，最後一發不可收拾。因此，請你不要認為，既然都已經錯過解決問題的時機，索性再往後拖一拖。這只會使問題變得更糟，必定會導致你的憤怒和苦惱與日俱增。

六、把自己擺在殉難者的位置

你可能經常聽到人們這樣抱怨：「沒有一個人真正關心我，對大家來說，我不過是個**工具人**而已。我的骨架都累散了，但誰也不把我當回事，大家都在利用我。」要知道，經常這樣想，必定會使你煩惱異常，而且還會使周圍的人感到厭煩，令你的感覺變得更糟。

從前，佛祖遇到了一個不喜歡他的人。這個人連續幾天都跟著佛祖，並用各種方法辱罵佛祖，但奇怪的是，佛祖都沒聽到似的，完全沒跟對方計較。這人很納悶，問佛祖是怎麼做到的。

佛祖反問道：「如果有人送你一份禮物，但是你拒絕接受，那麼這份禮物屬於誰？」

對方答道：「屬於原本送禮的那個人。」

佛祖微笑著說：「沒錯。若是我不接受你的謾罵，那你不過就是在罵自己。」

此人恍然大悟，於是摸摸鼻子就走了。

這裡，佛祖要告訴我們的是，只要你不接受別人給你的煩惱，那麼無論別人如何謾罵你、如何對待你，都無法影響你的心情、無法奪走你的高興。換言之，當你感到生氣，就是拿別人的錯誤來懲罰你自己，真正的受害者只有你。因此，請你不要擾亂了自己的心，時刻提醒自己「煩惱往往都是自找的」，只要你不接受煩惱這份禮物，任何人都破壞不了你的好心情。

多點自省，洗去浮躁與衝動

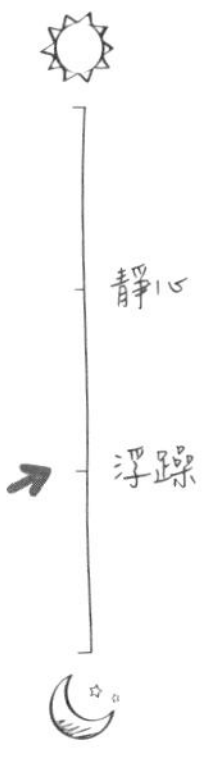

曾子說：「吾日三省吾身。」

大意是說，一個人每天都要多次反省自己：我是否盡心地替周遭人著想？我與人交往是否具有足夠的誠信？老師傳授給我的知識，我是不是反復練習與實踐了？

自省，是一個人從幼稚走向成熟的必經之路，也是最快的途徑。

許多人都是浮躁與衝動的，常常無法靜下心來做事，為了微不足道的一點小事而反復思量，或者是做事不經思考，腦子一熱就大呼小叫，彷彿真的發生了什麼驚天動地的大事。難道他們真的需要如此嗎？難道這就是生活的真面目嗎？

人生有幾件絕對不能失去的東西，那就是自制的力量、冷靜的頭腦、希望以及信心。

其實人們從來都不缺乏希望和信心，有時候甚至是對自己過分自信；但冷靜的頭腦和自制的力量，卻是世間總是短缺的東西。

你習慣在決定一件事之前，把各方面都考慮清楚，還是一時心血來潮就決定做某件事？或者大多數時，你都是根據自己的直覺去做事，根本不會思考和觀察？

三思而後行，內心才會感到安寧

《三國演義》裡的曹操，是一個鮮少反省自己的人。當年他因為一時衝動，失手殺害了呂伯奢一家。可是後來他非但沒有反省自己，還說：「寧可我負天下人，不可天下人負我。」

青春詩歌

第六次，當他鄙夷一張醜惡的嘴臉時，
卻不知那正是自己面具中的一副。

The sixth time when she despised the ugliness of a face,
and knew not that it was one of her own masks.

——紀伯倫（Khalil Gibran）《我曾經七次鄙視自己的靈魂》

之後的在赤壁之戰中，曹操又中了周瑜的反間計，一時衝動問斬了自己帳下的蔡瑁與張允兩名熟悉水戰的下屬，因而後悔不已。

只有及時反省自己，才不會犯更大的錯誤；只有及時反省，才能知道自己錯在哪裡，才能增長做事的經驗；只有及時反省，才知道自己原來這麼幼稚。尤其是一個月，或者一年以後的反省，更是具有巨大的意義。如果你往往只圖自己痛快，很少替周圍的人考慮，將會導致自己與周圍人的衝突不斷。請你現在就認真地想一想，自己平時是不是有很多地方考慮得不夠周到，因此犯下許多錯誤。

無論是處世還是為人，都應該多反省自己，少要求別人，別人不會因你而改變，因此能夠讓自己覺得快樂的方法，就是改變自己的做法。

在儒家的思想中就有提及，一個人的不停反思，才能導致集體意志的覺醒。一個人希望自己能少碰壁，就要不斷反思自己。所以你要用深刻的自省，來洗去因青春心態而帶來的浮躁、淺薄及衝動，讓自己冷靜理智地對待事情，讓自己慢慢平靜下來，讓內在日益厚實，然後你的內心才會感到安寧，才會感到快樂。而這就是成熟的真相。

當你結束今日一整天的工作之後，不妨將整天的經歷仔細地整理一下，看看自己有哪些方面需要改進，看看自己在這一天中犯了哪些錯誤。

消除浮躁的實用守則

世間大大小小的誘惑，讓我們身陷囹圄，焦躁不安。這時候，人往往需要迅速讓自己的內心平靜下來。否則，總是生活在亢奮當中，很快地就會瀕臨崩潰的邊緣。

在一次朋友的聚會中，子傑被一個漂亮的女孩深深地吸引，打聽後得知，對方目前剛好沒有男朋友。子傑喜出望外，對女孩展開瘋狂的追求。他要到女孩的電話，並且經常打電話給女孩，聊天的過程相當愉快。後來子傑大膽地約女孩吃飯，女孩也沒有拒絕。當子傑表白之後，女孩卻說兩人只適合做朋友。

子傑不死心，想要再見女孩一面。但再次看到女孩時，她的身邊已經多了一個男人。子傑無法接受，他覺得天瞬間塌了下來。子傑跌跌撞撞地回到了家，一下子撲倒在床上。幾分鐘之後，他又從床上跳起來，跑到附近的超市買了很多酒，回家狂灌，一邊喝，一邊號啕大哭。

就在這個時候，子傑的朋友打來電話，從電話裡聽到子傑的哭聲，於是迅速趕了過來。朋友不停地安慰子傑，可是完全不起作用，反而讓子傑更加痛苦。無奈之下，朋友打開了音響，一首舒緩的曲子緩緩地流溢，子傑也慢慢地安靜下來。這即是藉由陶冶性情，來消除浮躁的方法。

當你感到心情浮躁的時候，不妨嘗試以下幾個做法。

一、讓音樂完全佔據你的思維空間

人在狂躁不安的時候，心臟的跳動很快，腦子裡思緒雜亂。這時候，你的首要任務就是盡快讓自己平靜下來。你可以效仿故事中的子傑，讓音樂完全佔據你的思維，限縮自己胡思亂想的空間。而且舒緩的音樂能調節你的心跳，慢慢地你就不會再感到煩躁不安了。

二、耐心地泡一杯清茶或者煮杯咖啡

不可否認，清茶和咖啡都有讓人神清氣爽的功效。如果你被塵世的瑣事弄得心煩意亂，不妨泡一杯清茶，或者是煮一杯濃濃的咖啡。當你喝完清茶和咖啡之後，你的痛苦會減少一半，內心平靜不少。

三、看一本剖析人生得失的好書

人之所以痛苦，是因為看不透人生，放不下得失。當你用另外一個視角去理解和認識之後，你會覺得一切不過是過眼雲煙。因而在你痛苦煩躁的時候，不妨尋找一本剖析人生的好書來讀。好的文字能撥雲見日，讓你的心超脫世俗，從煩躁和痛苦中跳出來，享受人生的真摯。

放慢腳步，欣賞一路的風景

什麼是幸福？

到底怎樣才能獲得幸福呢？

每個人都有自己的生活，也許一百個人就會有一百種對幸福的理解，甚至會有一千種不同的答案。幸福是屬於自己的，幸福其實很簡單，只要你細心一點，你就會發現，即使縫隙中，幸福也會存在。

生活中，很多人認為自己不幸福，認為自己活得累，但並非真因為他們不幸，而是因為他們只是一味地盯著前方的目標，而忘了欣賞沿途的風景。換言之，如果我們越是對生活苛求，越是盯著得失而不肯放手，就越容易在中途失去行走的力氣，為無果而沮喪；如果我們能保持心情愉悅，並放慢腳步，聚焦「細節」，抓住縫隙中的美麗，反而能長久走下去。

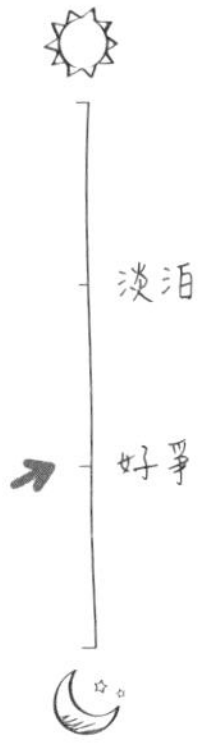

人生的路很長很長，相信幸福一直在路上，只等著你以一顆寧靜和細緻的心去發現。

簡單生活所追求的終極目標

法國雕刻家羅丹（Auguste Rodin）說：「這個世界不是缺少美，而是缺少發現。」

這雙眼睛不是長在臉上，而是長在心中。這雙眼睛比自然的那雙眼睛更為重要，因為透過這雙眼睛，我們看到更為美麗、細膩的世界。

幸福也是如此。世界上不缺乏幸福，而是缺乏**感受**幸福的能力。幸福其實很簡單，如果你具備感受幸福的能力，那麼下雨時的一把傘、飢餓時的一碗飯、寒冷時的一盆炭火，都能讓你覺得幸福。你要懂得感知幸福。幸福就是奮鬥，幸福就是付出，幸福就是成功的喜悅，幸福就是

青春詩歌

他視他的武器為上帝，
當他的武器勝利之時，他亦敗給了自己。

He has made his weapons his gods.
When his weapons win he is defeated himself.

——泰戈爾（Rabindranath Tagore）《飛鳥集》

一種樂趣。幸福永遠在路上。

從現在起，請你為生活中的小確幸而歡呼：當清晨醒來，陽光透過窗簾縫隙灑到你的房間，又是一個陽光燦爛的日子，你不必為上班而匆匆忙忙，你可以懶懶地躺在床上，你能感覺到幸福；在一場飄渺的秋雨之後，你站在寬大的窗前，呼吸著窗外清新的空氣，看著晶瑩的雨珠從樹枝上滑落，經雨水洗禮之後的草坪愈加蔥鬱青翠，孩子們快樂地在上面嬉戲打鬧，你也能感覺到生活的愜意與美好。

幸福常常是如此簡單，簡單到一句話，一首詩，一個清晨，一個問候，一個場景，簡單到我們日常生活中的點點滴滴，都無不蘊藏著幸福。我們要為每一次日出、草木無聲的生長而欣喜不已；我們要重新向自己喜愛的人們敞開心扉；我們要熱情地置身於家人、朋友之中，彼此關心，分享喜悅。

總之，我們若想得到幸福，就要學會發現那些細膩的幸福，就要學會享受簡單的快樂。生活越簡單，幸福快樂越多。我們的需求越少，得到的自由就越多。多一分舒暢，少一分焦慮；多一分真實，少一分虛假；多一分快樂，少一分悲苦，這就是簡單生活所追求的終極目標。

事已如此，生氣有何益

每個人都希望自己早上睜開眼，就能有好心情，但想要做到「天天好心情」還真不是件容易的事。生活中會有很多突如其來的意外，令我們恐慌且不知所措，雖然大的意外並不多，小麻煩卻接二連三。當這些障礙物被命運無情地拋到你的腳邊時，你可以悲哀、失望，甚至哭泣，但你更可以選擇微笑面對。

莫聽穿林打葉聲，何妨吟嘯且徐行。竹杖芒鞋輕勝馬，誰怕？一蓑煙雨任平生。料峭春風吹酒醒，微冷，山頭斜照卻相迎。回首向來蕭瑟處，歸去，也無風雨也無晴。

這是蘇東坡在前往沙湖的路途中突然遇到大雨時，所作的《定風波・沙湖道中遇雨》。體現他在被貶邊城、人生遭遇不幸的時候，依然曠達、樂觀，不為外界環境的變化所累的人生信念，展示生命原來可以這樣灑脫。

正如「莫聽穿林打葉聲，何妨吟嘯且徐行」所描寫的那樣，當亂雨打葉、風波驟起的時候，你何不把它當作一個生活中的小風景，在雨中緩緩地走，慢慢地吟詩？

唐朝著名的禪師慧宗，好種蘭花。一次出外講經弘法，吩咐弟子看護好種在寺裡的數十盆蘭花。弟子們深知師父酷愛蘭花，得特別小心照顧。但不幸的是，一天深夜，突然狂風大作，下起暴雨，拔樹掀瓦，砸死了很多盆蘭花。

幾天後，禪師回家，弟子們各個忐忑不安。

得知原委後，禪師說道：「事已如此，生氣又有何益？當初，並不是為了生氣而種蘭花。」

弟子們如醍醐灌頂，大徹大悟。

法國作家大仲馬（Alexandre Dumas）曾經說過：「你要控制自己的情緒，否則你的情緒便控制了你。」人活的就是心情，因為一些小事而斤斤計較，勢必害自己的心喪失快樂和自由。

有個極為有趣的實驗。研究員將受試者分為兩組人員，其中一組的人員被要求用牙齒咬著一支鋼筆，使嘴角上揚微笑，另一組人員則因為必須將筆用嘴唇銜著，所以難以露出笑容。接著，研究員將同一張漫畫展示給兩組受試者看之後，得到一個結果，前一組的受試者，比後一組受試者認為漫畫更有趣。

這個實驗表明，人們心情的好壞往往不是由事物本身引起的，而是取決於我們看待事物的不同角度。只要我們在生活中維持著一份好心情——隨時幽默、開懷、樂觀的好心情——就不會被外界的消極影響所干擾。

命運是個瞎子，橫衝直撞地朝你而來，時而給予你歡笑，時而帶給你悲傷。但一個亮著心燈的人，能夠把握命運行走的方向，因此，他們的人生才顯得異常絢爛，且充滿歡聲笑語。

你潛意識裡的憂患為何

每個人都有憂患意識，因為害怕某件事情的降臨，而選擇應戰或逃避。不過很多時候是，我們沒有察覺，原來自己潛意識裡正在為某件事情擔憂，而對於自己的行為舉止摸不著頭緒，不知為何活得膽戰心驚，時時焦慮。所以我們不妨先揪出自己潛意識的憂患，然後對症下藥。

這是一個兇殺案現場，被害人是位年輕的女子，她的手中抓著一支斷裂的口紅。你認為她遇害的原因是什麼？

Ⓐ 暗戀者所為

Ⓑ 情敵下的毒手

Ⓒ 強盜闖空門

Ⓓ 男朋友報復她移情別戀

答案分析：

選Ⓐ的人

你很害怕一些無法解釋的自然現象，總覺得這個世界動盪起伏，相當不安定。所以你無論做什麼事都會預想後路。行事周全是優點，但過猶不及。請你要特別小心，別讓這種心態變成短視近利。有時候，思而行即可。千萬別因為躊躇不決而錯過屬於自己的機遇。

選Ⓑ的人

你最恐懼的事情就是背叛。因為你非常看重生命裡的每一段關係，所以當情人變心或是摯友出賣你的時候，你第一時間可能會有過激的反應，爾後又會脆弱得失去所有反擊能力，處於惶惶不安的狀態。建議你盡可能地拓展自己的生活觸角，豐富自己的人生與提升自己的個人價值，才不會因為感情放太重，無法接受人事變遷。

選Ⓒ的人

你害怕疾病纏身，有時會恐懼自己得了不治之症，無法享受人生。你是個隨遇而安的人，一旦適應了當前的工作後，就不會想再耗費無謂的努力。特別注意，這種過度追求安逸的生活態度，易使你難以應對世界的快速變化。所以請你偶爾鼓起勇氣脫離自己的舒適圈，保持自己的競爭力。

選Ⓓ的人

你害怕死亡，但並非你自己的死亡，而是親密關係的死亡。你對於家（父母、配偶、兄弟姐妹）的依賴度非常高，在任何一種情況下離開他們，你都會感到心裡不踏實，但又不希望他們因為你的依賴性而對你感到厭煩，所以常常覺得委屈。建議你現在開始培養獨立自主的精神，遇到難關時試著自己解決，而非總是求助旁人。

你若願意，人生就如夏花般絢麗

一句話，讓你重新再出發
泰戈爾給你的5堂人生課

暢銷勵志心理諮商師 **黃德惠** 著

泰戈爾詩句之療效——
他的人生觀圍繞著自然萬物的可親可愛，失意時，反覆地讀，
即能調和自由靈魂與現實世界之間的衝突，
麻木的生活裡，閱讀這樣的文字正好。

定價 220元

定價 220元

把話說進你心裡

非文學類暢銷作家 **王擎天** 著

以幽默卻不失細膩的筆鋒撰寫而成的40篇功夫祕笈，
偷偷告訴你說話的精妙奧義，讓你話說得圓滿，
不得不成為眾人的宇宙中心！

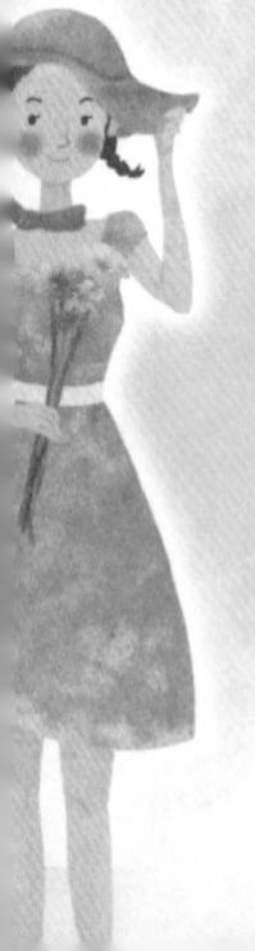

不跟風，走自己的路！

暢銷勵志心理諮商師 **黃德惠** 著

為什麼你不過自己想要的人生？
其實不管周遭人怎麼看你，
只要你了解、接納自己，就能找到自己的天賦使命，
走自己的路，你值得好過百倍的人生。

定價 220元

啟思　行銷總代理 采舍國際　新·絲·路·網·路·書·店 silkbook.com

國家圖書館出版品預行編目資料

八分熟的你，剛剛好／呂佳綺 著. -- 初版. -- 新北市：
啟思出版, 采舍國際有限公司發行, 2019.08
面； 公分
ISBN 978-986-271-866-7（平裝）

1.生活指導 2.自我實現

177.2 108009673

啟思
Cheese Group

八分熟的你，剛剛好

本書採減碳印製流程，碳足跡追蹤，並使用優質中性紙（Acid & Alkali Free）通過綠色環保認證，最符環保要求。

出 版 者 ◤啟思出版
作　　者 ◤呂佳綺
品質總監 ◤王寶玲
總 編 輯 ◤歐綾纖
文字編輯 ◤范心瑜
美術設計 ◤Mary
內文排版 ◤新鑫電腦排版工作室

郵撥帳號 ◤50017206采舍國際有限公司（郵撥購買，請另付一成郵資）
台灣出版中心 ◤新北市中和區中山路2段366巷10號10樓
電　　話 ◤（02）2248-7896　　傳　　真 ◤（02）2248-7758
I S B N ◤978-986-271-866-7
出版日期 ◤2019年8月

全球華文市場總代理 ◤采舍國際
地　　址 ◤新北市中和區中山路2段366巷10號3樓
電　　話 ◤（02）8245-8786　　傳　　真 ◤（02）8245-8718

全系列書系特約展示
新絲路網路書店
地　　址 ◤新北市中和區中山路2段366巷10號10樓
電　　話 ◤（02）8245-9896
網　　址 ◤www.silkbook.com

線上 pbook&ebook 總代理 ◤全球華文聯合出版平台
地　　址 ◤新北市中和區中山路2段366巷10號10樓
主題討論區 ◤www.silkbook.com/bookclub　● 新絲路讀書會
紙本書平台 ◤www.book4u.com.tw　● 華文網網路書店
電子書下載 ◤www.book4u.com.tw　● 電子書中心（Acrobat Reader）